HENRI TUROT

L'INSURRECTION CRÉTOISE

ET LA

GUERRE GRÉCO-TURQUE

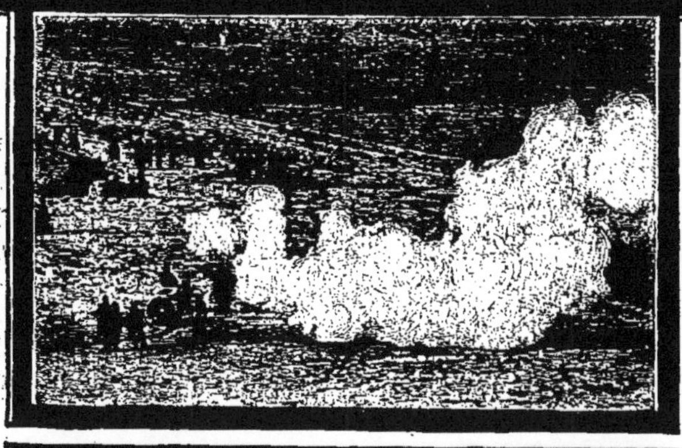

L'INSURRECTION CRÉTOISE

ET LA

GUERRE GRÉCO-TURQUE

MASSACRES À LA CANÉE.

M.-HENRI TUROT

L'INSURRECTION CRÉTOISE

ET LA

GUERRE GRÉCO-TURQUE

OUVRAGE CONTENANT

SOIXANTE-QUATORZE ILLUSTRATIONS

D'après les photographies de l'Auteur.

PARIS
LIBRAIRIE HACHETTE ET Cie
79, BOULEVARD SAINT-GERMAIN, 79

1898

A GUILLAUME SABATIER,

Directeur de l'*Éclair*.

HOMMAGE DE VIVE ET RECONNAISSANTE AMITIÉ.

AU LECTEUR

PERPÉTUELLEMENT ouverte, jamais résolue, la question d'Orient est toujours d'actualité.

Près d'un an après les tristes événements qui mirent aux prises Musulmans et Hellènes, et qui faillirent bouleverser l'Europe, l'attention reste forcément fixée sur le danger permanent dont la paix universelle est sans cesse menacée.

Nos lecteurs liront donc avec intérêt et profit le volume que nous publions aujourd'hui.

L'auteur, M. Henri Turot, est resté pendant trois mois et demi sur le théâtre de l'insurrection et de la guerre. Pendant ce temps il a suivi les événements avec une attention perspicace.

En Crète, d'abord, il constate les responsabilités et décrit avec impartialité les massacres et les pillages dont fut victime la population chrétienne. Tour à tour au milieu des insurgés et chez les Turcs, il peut se rendre compte de l'état d'esprit des uns et des autres, et sans négliger le côté anecdotique et pittoresque de son voyage, il explique clairement les difficultés auxquelles on se heurte pour en arriver à une solution précise.

Plusieurs mois se sont écoulés depuis que les notes de M. Turot ont été prises : les événements lui ont donné raison et le lecteur pourra se rendre compte de l'exactitude des renseignements et des observations de l'auteur.

Dès que le conflit menace d'éclater entre la Turquie et la Grèce, M. Henri Turot s'empresse de quitter la Crète pour venir étudier sur la frontière de Thessalie et sur celle de la Macédoine les préparatifs des belligérants. Il pousse son examen jusqu'en Bulgarie et en Serbie, afin de se rendre compte des motifs qui empêchèrent les Balkans de se soulever et qui laissèrent les Grecs isolés contre le Sultan, pourtant l'ennemi commun.

Enfin les premiers coups de feu sont tirés et l'auteur suit pas à pas les tragiques épisodes de cette lutte inégale. On lira certainement avec émotion le récit des batailles où les Hellènes firent souvent preuve d'héroïsme, mais où ils devaient succomber, écrasés par des forces supérieures, mal commandés par des chefs timorés ou incapables.

On y verra que là-bas, comme partout ailleurs, le défaut d'organisation devient toujours la cause des pires désastres : rien d'attristant comme ces paniques qui suivent les premiers échecs et qui préparent les défaites successives.

En Thessalie comme en Épire, les mêmes fautes furent commises et les mêmes désastres en furent le résultat.

Aujourd'hui, la paix est conclue ; mais la péninsule hellénique reste profondément troublée.

Les différents partis se rejettent la responsabilité des irréparables désastres. Les scandales se multiplient, les polémiques s'engagent avec violence. Les chefs des cabinets successifs se lancent les uns aux autres les plus graves accusations. Le prince héritier cherche à justifier sa conduite et dénonce la mauvaise volonté de quelques généraux. Ceux-ci répliquent et font le procès de la campagne conduite par le Diadoque.

Enfin l'*Hetniki hetairia* est mise en cause par les uns et par les autres et ses chefs accusés d'avoir déchaîné la guerre à force d'excitations imprudentes, paraissent unanimement condamnés par l'opinion publique.

L'auteur des pages qu'on va lire apporte simplement son témoignage, raconte ce qu'il a vu et entendu.

Son récit, très impartial, est donc précieux à recueillir par tous ceux — et ils sont nombreux — qui ont suivi avec angoisse les différentes phases de la guerre gréco-turque, qui ont douloureusement pris part aux souffrances de la Grèce et qui cherchent à se former une opinion éclairée sur les faits et sur leurs causes.

L'INSURRECTION CRÉTOISE

ET LA

GUERRE GRÉCO-TURQUE

PREMIÈRE PARTIE

EN CRÈTE

CHAPITRE I

En route pour la Crète.

Il ne saurait entrer dans ma pensée d'écrire ici l'histoire de la guerre gréco-turque : d'autres plus qualifiés pourront entreprendre pareille tâche. Mon rôle, infiniment plus modeste, doit se borner à mettre sous les yeux du lecteur les notes et impressions recueillies çà et là pendant les quelques mois où il me fut donné de suivre sur place, tantôt en Crète, tantôt en Macédoine, en Thessalie, en Epire, à Athènes, les douloureux événements dont la Grèce supporte aujourd'hui les écrasantes conséquences.

Il importe donc, sans rappeler les causes plus ou moins lointaines du conflit, d'aborder sans plus tarder notre récit, avec la résolution bien arrêtée de nous en tenir à l'exposé des faits sans nous laisser entraîner à des considérations d'ordre politique.

C'est au commencement de février 1897 que la Crète, tant de fois déjà mise à feu et à sang par de périodiques insurrections, fut de nouveau agitée par des troubles graves dans les villes et dans les campagnes.

Coup sur coup on apprend que des rixes sanglantes ont éclaté à Retimo et à la Canée, que les musulmans et les chrétiens sont aux prises sur plusieurs points et que la Grèce, trouvant le moment opportun pour s'annexer l'île, a envoyé des vaisseaux dans les eaux crétoises et des troupes de débarquement destinées à appuyer les efforts des insurgés.

Tous ces faits causèrent en Europe une émotion profonde, car on y vit justement le prélude d'une guerre en Orient dont il était difficile de prévoir les répercussions : en France, en Angleterre, en Italie et en Autriche les parlements se préoccupèrent aussitôt de cette question. Bref, tous les yeux étaient fixés sur la Crète. C'était le moment favorable pour aller étudier là-bas l'importance du mouvement.

Je partis donc le 15 février, et le 18 je profitai de quelques heures d'arrêt du paquebot pour descendre à Corfou. Il serait oiseux de décrire, même brièvement, la perle des Ioniennes, le merveilleux spectacle de la rade, la transparence exquise de l'air, la douceur paisible d'un climat incomparable. A droite, les montagnes se profilent en masses sombres dont les cimes diminuent de plus en plus dans le lointain pour aller enfin s'accroupir dans l'azur de la mer. A gauche, c'est l'éclatante blancheur des cimes neigeuses de l'Albanie.

Mais, arrachons-nous à notre contemplation. Les bateliers bruyants et quémandeurs envahissent le pont du *Peloro :* il nous faut descendre à terre et faire la chasse aux nouvelles. Notre tâche sera d'ailleurs singulièrement facilitée par l'aimable complaisance du consul de France, M. Pollio, un ancien confrère qui nous accueille à bras ouverts.

Tout de suite une information : Berovitch-Pacha est à Corfou ; l'ancien gouverneur de Crète est venu se réfugier là, fuyant les amertumes du pouvoir, les méfiances des chrétiens, les exigences des musulmans.

Belle occasion en vérité de commencer le voyage par une intéressante entrevue. Je me fais donc annoncer à Berovitch par un des gendarmes albanais qui l'ont suivi, superbe gaillard revêtu d'un élégant costume de drap blanc, brodé de noir, serré à la taille par une ceinture rouge où reluisent des armes luxueuses.

Berovitch-Pacha est chrétien et parle admirablement le français. C'est un grand bel homme, très distingué avec son fez, sa redingote noire et son pardessus gris. Il était prince de Samos quand il fut choisi par le sultan pour gouverner la Crète.

Poignées de mains échangées, la conversation s'engage :

— Votre qualité de chrétien, dis-je, ne vous a donc point permis, monsieur le gouverneur, d'aplanir bien des difficultés ?

— Mais non ! au contraire. Comme chrétien j'étais suspect aux musulmans, et comme fonctionnaire turc, je ne pouvais inspirer confiance aux chrétiens.

— Quelle est donc la cause du soulèvement ?

— C'est l'application des réformes. Les musulmans ne voulaient point en entendre parler et les chrétiens les réclamaient avec impatience. Ajoutez à cela que là-bas tout est désorganisé. Il n'y a ni justice, ni tribunaux. La gendarmerie qui devait être créée par les grandes puissances n'existe pas davantage, et la situation financière est déplorable !

— Mais comment cela a-t-il commencé ?

— Par des rixes. Un des chefs de l'insurrection de l'an dernier était venu à la Canée. Il fut injurié et attaqué par les musulmans, riposta et blessa quelques-uns de ses agresseurs. Les représailles furent terribles et les massacres commencèrent, véritable guerre d'extermination où les gens étaient tués, les habitations pillées et incendiées, les arbres même arrachés et brûlés.

— Vous avez alors quitté l'île, monsieur le gouverneur ?

— Oh oui ! j'étais fatigué, écœuré, impuissant à rétablir l'ordre. Comme je regrette Samos et sa tranquillité !

Sur ces mots, je pris congé de cet homme épris de calme et désireux d'oubli. Sa conversation était utile à rapporter, car elle précise assez exactement les causes de l'insurrection.

Dans la rue, c'est une extraordinaire animation. Plusieurs compagnies d'infanterie doivent s'embarquer pour Athènes, précisément à bord du *Peloro*, et parcourent la ville avant le départ, saluées par des acclamations enthousiastes tandis que les cloches des diverses églises sonnent à toute volée.

L'embarquement est vite fait à l'aide d'une chaloupe à vapeur qui entraîne derrière elle une foule de chalands et d'embarcations dont la sinuosité se déroule aux pieds de la vieille et majestueuse forteresse.

Le pont de notre bateau est envahi par une foule grouillante de soldats et d'officiers de civils, et de fonctionnaires. On croit à la guerre prochaine, on s'embrasse, on se dit adieu, on prononce des mots héroïques. Un pharmacien, me sachant journaliste, s'approche de moi et, avec un geste imposant, me sert cette phrase qu'il espère sans doute faire passer à la postérité :

« Les Grecs demandent où sont les ennemis ; ils n'en demandent jamais le nombre ! »

Brave homme, va ! mais comme les Grecs auraient mieux fait de s'informer de ce détail !

Puis on me présente de futurs héros, porteurs de noms illustres, des Botzaris, des Canaris, très fiers de leurs ancêtres, très désireux de continuer de glorieuses traditions.

Enfin, le *Peloro* lève l'ancre au milieu des vivats, des chants, des fanfares, tandis que les navires voisins nous saluent du drapeau.

Le 20 février, vers sept heures du matin, nous entrons lentement dans la passe du Pirée, nous glissant entre les cuirassés de toutes nations qui encombrent le port.

Sauter dans une petite barque, remplir sans difficultés les formalités de la douane, tout cela est l'affaire de quelques minutes, et nous voilà roulant

ATHENA MÉLANCOLIQUE (MUSÉE D'ATHÈNES).

sur le chemin d'Athènes, étouffés par des nuages épais de poussière attique.

La capitale hellénique est fiévreuse : on est bien vite convaincu que, malgré les menaces des puissances, malgré les prudences gouvernementales, l'opinion publique sera la plus forte et que la guerre est inévitable.

Les manifestations succèdent aux manifestations. Aujourd'hui c'est sur la place du palais royal que la foule se porte, réclamant à grands cris le roi et la famille royale. Les princes apparaissent au balcon et une immense acclamation de « Vive la guerre ! » s'élève de milliers de poitrines.

Devant l'université, les étudiants organisent des meetings, et les orateurs prononcent de violents discours interrompus par les cris mille fois répétés de : *Zito Hellas ! Zito Polemos !*

Il est évident que devant une telle agitation les ministres gardent difficilement leur sang-froid.

Pourtant M. Skouzès, ministre des affaires étrangères, est un homme fort calme et comprenant toutes les responsabilités qui lui incombent. Il me reçoit et m'affirme que toutes les provocations, en Crète, sont venues des musulmans.

— Dans les rues de la Canée, me dit-il, plusieurs chrétiens furent molestés, frappés, tués. Et les soldats turcs du haut des remparts tiraient sur ceux qui passaient à portée. Or les Crétois ne sont pas si résignés que les Arméniens; ils ont fini par

MANIFESTATIONS DEVANT LE PALAIS ROYAL À ATHÈNES.

faire leur devoir : résister et riposter! Qui oserait les en blâmer?

— Mais, monsieur le ministre, les troubles sont-ils purement locaux et ont-ils éclaté spontanément, pour ainsi dire?

— Non! non! et c'est le plus grave Je sais de façon certaine, je suis sûr, absolument sûr, que les provocations ont commencé sur un mot d'ordre venu de Constantinople. C'est cela qu'il faut dire et proclamer bien haut, je ne crains pas de démenti. Les rapports de tous les consuls en font foi.

Ainsi parla M. Skouzès, et je dois à la vérité de reconnaître que les renseignements recueillis dans la suite confirmeront absolument ces déclarations. Dans les salons, comme dans la rue, la surexcitation est extrême et, pendant toute une soirée, j'entendis de jolies Athéniennes souhaiter ardemment la guerre.

A la Chambre hellénique les incidents étaient presque quotidiens. Le jour de mon arrivée à Athènes, on disait que M. Delyannis avait l'intention de déposer un projet de loi donnant au gouvernement le droit de nommer, en Crète, les fonctionnaires de tous ordres.

Il n'en fallait pas davantage pour me donner envie d'assister à la séance, et, grâce à l'obligeance d'un confrère, je fus installé dans une tribune confortable.

Le projet de loi en question ne fut pas déposé : mais j'eus l'occasion de constater avec admiration les mœurs démocratiques du peuple grec.

La Chambre est une petite salle où sont installées, en gradins, des banquettes modestement recouvertes d'une sorte de toile grise. La tribune, toute petite, en bois très simple, est placée entre deux hautes colonnes.

Le président Zaïmis arrive en jaquette noire sans aucun apparat. Ni huissiers, ni haies de soldats, ni tambours, ni parade d'aucune sorte. Il va s'asseoir paisiblement à son fauteuil, tandis que messieurs les députés, dont quelques-uns ont encore le costume national, entrent en séance chapeau sur la tête, avec leur canne et leur pardessus.

La séance commence alors ; rarement les députés montent à la tribune, qui ne sert que pour les grands et importants discours : la discussion se produit plutôt sous forme de dialogues engagés entre les membres de l'opposition et M. Delyannis, président du conseil, vieillard chauve avec des favoris très blancs coupés à l'autrichienne et dont l'œil intelligent pétille, très enfoncé sous l'arcade sourcilière.

Même simplicité, très séduisante, dans les ministères, qui sont infiniment moins luxueux que les maisons particulières. Les ministres sont d'un abord extraordinairement facile. On pénètre jusqu'à la porte de leur cabinet sans rencontrer le moindre garçon de bureau.

On frappe. Entrez! répond une voix.

— Bonjour, monsieur le ministre, y a-t-il quelque chose de nouveau aujourd'hui?

— Non! mais asseyez-vous donc!

Et la conversation s'engage.

Il est assez curieux de noter cette simplicité, qui contraste si profondément avec le caractère incontestablement vaniteux des Grecs en général.

Mais cette vanité ne s'exerce point sur des choses mesquines. Ainsi, vous ne rencontrerez pas en Grèce un seul porteur de décorations. Celui qui sortirait avec une boutonnière enrubannée deviendrait l'objet de la risée publique. Notre ordre de la Légion d'honneur, qui pourtant est fort apprécié, n'échappe pas à la règle commune. Beaucoup de gens en sollicitent le brevet : personne n'en porte la décoration.

Non! tout l'orgueil des Grecs se manifeste presque exclusivement par l'idée d'une sorte de rôle providentiel qu'ils pensent avoir à jouer.

Ils ne croient pas pouvoir être battus !

Et si on leur objecte les catastrophes à craindre, ils répondent : « Nous avons envisagé les éventualités les plus pessimistes, le bombardement de nos ports, la victoire des Turcs, l'écrasement enfin : mais tout vaut mieux qu'une reculade ; pour l'honneur de l'*hellénisme*, nous devons combattre à outrance ! »

Et ces paroles ne sont pas seulement prononcées par de jeunes exaltés, mais par des personnes graves et réfléchies, que dis-je ? par des hommes d'État.

Si on s'étonne d'une semblable tournure d'esprit, qu'on lise cette définition de l'hellénisme que nous trouvons dans le remarquable ouvrage de M. Bérard et qui explique bien des choses :

« L'hellénisme n'est pas l'ensemble des fustanelles, ni des nez droits, ni des orthodoxes. En somme, un Hellène ne porte aucun signe apparent de sa nationalité et le seul criterium que j'ai pu découvrir encore est la réponse : « Je suis Hellène », qu'aux premières questions un Hellène ne manquera pas de faire.

« Le Bulgare et le Serbe fondent leurs nations sur des théories de race et de religion : l'Hellène n'en appelle qu'à sa libre adhésion.

« C'est d'une étude toute moderne que cette nation en croissance, s'agrandissant, non d'après les usages anciens par les violences des guerres et les coups d'épée des hommes providentiels, ou par l'apport mécanique des hasards, du voisinage et des circonstances, mais suivant la dernière formule philosophique en quelque sorte, par la conquête des esprits et le libre consentement des individus.

« L'hellénisme mérite bien le nom de *grande idée*, en ce qu'il n'est que la résultante des idées individuelles et que pour être Hellène, il suffit, par-dessus toutes les différences matérielles, de croire en l'idée, d'espérer en l'idée, de vivre en l'idée ! »

Mais cette fois les Hellènes, au lieu de compter sur la seule force de pénétration de l'idée qui leur est chère, ont voulu se servir de leurs armes pour augmenter leur prestige.

Hélas ! la fortune les a trahis et la *grande idée* a trouvé pour la défendre des bras vraiment trop débiles !

Cependant les nouvelles de Crète arrivent plus alarmantes : on apprend successivement que les troupes de Vassos et les régiments turcs ont eu de sérieux engagements, que les insurgés de l'Akrotiri ont été bombardés par les canons des escadres européennes.

A la légation française on communique un télégramme des plus alarmants de l'amiral Pottier. Il est ainsi conçu :

« Les amiraux commandant les escadres européennes en Crète ont fait connaître à leurs gouvernements, le 22 au soir, que l'anarchie ne cesse de croître dans l'île. Ils ont déclaré qu'ils ne répondaient plus d'éviter les conflits, s'ils n'étaient pas autorisés à empêcher le débarquement de tout approvisionnement et si les puissances n'obtenaient pas de la Grèce le rappel de ses troupes et de sa flotte.

« Dans la journée, en dépit des protestations réitérées des amiraux, les avant-postes des insurgés ont continué leur mouvement en avant et engagé une fusillade avec les avant-postes turcs de la Canée. Après entente entre les amiraux, les navires anglais, autrichiens, allemands et russes, mouillés dans l'est de la baie, ont ouvert le feu sur les insurgés, et l'ont fait cesser seulement après que le pavillon hellénique eut été amené.

« Contre-amiral POTTIER. »

Les colères grandissent et la population se presse continuellement sur les places publiques ; les journaux arrivent avec des éditions d'heure en heure, immédiatement enlevées.

Il me faut citer ici un trait de caractère tout à la louange des Grecs. Très souvent nous aurons occasion d'être sévères pour eux ; il serait injuste de passer sous silence les qualités qui les honorent.

Dans cette ville enfiévrée de patriotisme, exaspérée par le récit des massacres de la Canée, la légation turque n'est pas gardée. Pas un factionnaire à la porte. « Il ne viendrait à personne, me dit-on, l'idée d'attaquer ou seulement d'injurier l'ambassadeur du sultan ; il est encore notre hôte et nous lui devons le respect. »

Est-ce reconnaissance pour de tels procédés, ou méfiance contre la sincérité de si beaux sentiments ? Toujours est-il que le représentant de la Turquie a, depuis quelques jours, abandonné le fez pour adopter le chapeau mou des chiens de chrétiens, et cela fait beaucoup rire les Athéniens entre deux accès d'indignation.

Mais, je le répète, la gravité des événements ne nous permet point de séjourner plus longtemps à Athènes. Le ministre de la Marine nous autorise à prendre passage à bord de l'*Eurotas*, un petit bâtiment de guerre qui va tenter d'aller porter au colonel Vassos des provisions et des munitions.

Et nous nous embarquons avec empressement, quittant avec un peu de regret la cité antique, mais curieux d'assister bientôt à des événements sur lesquels toute l'Europe a les yeux fixés.

Quittons donc notre petite chambre où chaque matin nous contemplons, en face de nous, le Lycabette, éclatant de blancheur, sous un ciel éperdument bleu.

Oublions les profondes émotions qui nous agitaient lorsque nous gravissions l'escalier sacré de l'Acropole pour pénétrer à travers les imposantes Propylées, dans l'enceinte merveilleuse où se dressent le Parthénon et l'Erechtheion. Ne nous laissons point distraire par les rêveries de la promenade du Stade, quand les derniers rayons du soleil couchant viennent éclairer l'Hymette de tons étranges, indéfinissables, roses, violets, mauves et cuivrés. Fermons les yeux pour ne plus revoir cette baie de Phalère et de Salamine devenue le soir d'un bleu si intense et si sombre, décor fantastique pour quelque terrible scène de l'Enfer du Dante.

La splendeur des choses fait sentir plus vivement encore la sottise et la méchanceté des hommes : ceux-ci sont aux prises dans l'Ile de Minos, de Pasiphaé, d'Ariane et de Thésée. Allons, puisque telle est notre tâche, assister à leurs méfaits.

L'*Eurotas* est un petit aviso qui, outre son équipage, donne l'hospitalité à trois députés grecs, à

LE LYCABETTE.

quelques confrères d'Athènes, au correspondant du *Daily News* et à moi. Inutile de dire que les installations à bord sont plutôt sommaires. Nous ferons le voyage de nuit, roulé dans une couverture, couché sur la table de la salle à manger. Au réveil, nous sommes déjà presque dans la rade de Milo : il fait un temps superbe et nos compagnons de route sont en train de s'équiper de façon martiale. Députés et journalistes se complaisent à manier fusils et revolvers ; ils se passent à la ceinture des poignards terrifiants. Un d'eux, même, brandit une hache.

Grands enfants, en vérité, que ces Orientaux ! Comme ils aiment jouer au soldat et se griser de paroles !

Ah ! les déclarations héroïques ne font jamais défaut ! Ainsi, comme on prévoit que les amiraux étrangers voudraient empêcher l'*Eurotas* d'aborder au camp de Vassos, on parle, avec les deux canons qui sont à bord, de résister à toute la flotte mouillée devant Crète.

On sautera ! soit ! mais nos noms seront légués à la postérité et notre gloire rendra jalouse celle déjà un peu vieillie de Léonidas !

Au fond, chacun est persuadé qu'il faudra céder à la première sommation, et que l'*Eurotas* restera parfaitement pacifique. Mais le bavardage est inévitable entre Athéniens. Et puis, cela donne l'occasion d'astiquer les canons et de se croire encore à la veille de Navarin !

Dans le port de Milo, sont mouillés deux croiseurs et cinq torpilleurs grecs, sous les ordres du prince Georges. Au moment de notre arrivée, la petite escadre est sur le point de partir, pour une destination inconnue, me dit-on d'un air mystérieux!

Destination inconnue! Hélas, ce fut la même pendant toute la durée de cette guerre lamentable, où pas un coup de canon ne fut tiré par la flotte hellénique dont l'intervention eût pourtant été si efficace.

Nous allons profiter de quelques heures de séjour dans les eaux de Milo pour faire une courte excursion à terre, grimper jusqu'à la petite ville, à travers un pays d'une excessive aridité et saluer, en passant, les ruines d'un antique théâtre près duquel fut trouvée, par M. Brest, la fameuse Vénus dont s'enorgueillit le Musée du Louvre

Mais le temps passe rapidement et la sirène du bord nous rappelle : nous repartons bientôt après un dernier coup d'œil admirateur sur le spectacle féerique que nous offre le coucher du soleil dont les rayons pourpres donnent aux nuages épars d'incomparables tons inconnus en Occident.

LE PORT DE LA CANÉE.

CHAPITRE II

Les massacres de la Canée. — La question de l'Autonomie. — L'incendie de Konak.

C'est le 23 février, de grand matin, que nous arrivons en vue de la Canée.

Bien longtemps avant de distinguer les détails de la côte et tandis que l'aurore teinte, d'un rose très tendre, les cimes neigeuses de l'Ida, nous apercevons les lueurs rougeâtres de l'incendie, et des torrents de fumée. C'est la Canée dont certains quartiers sont encore en feu !

Le jour se lève peu à peu, et l'agitation com-

LES ESCADRES À LA CANÉE.

mence à bord des énormes cuirassés anglais et allemands, italiens, français et russes, près desquels nous passons lentement pour aller jeter l'ancre à côté de l'*Hydra*, le croiseur grec qui porte à son bord le commandant Reineck, faisant fonction d'amiral.

Nous pouvons alors contempler à notre aise le port de la Canée, fermé par une digue et dont les quais en demi-circonférence présentent une vive animation. Le coup d'œil est charmant, les hauts

LES INCENDIES DE LA CANÉE.

UN COIN DU QUARTIER CHRÉTIEN.

sommets qui se dressent devant nous sont d'un grandiose effet, et les coteaux plus rapprochés et très verdoyants offrent un gracieux contraste avec la blancheur immaculée des neiges qui les dominent.

Bien que je sois surtout désireux de rejoindre le plus tôt possible le camp du colonel Vassos, je ne résiste pas au désir d'aller juger par moi-même de l'importance des incendies et des pillages. Remettant donc au lendemain le souci des formalités qu'il me faudra remplir pour pénétrer chez les insurgés, je me fais conduire à terre par un canot de l'*Eurotas*.

Nous abordons devant une riante petite mosquée, toute blanche, dont le minaret, comme un immense cierge, pointe vers l'azur du ciel.

Derrière les soldats anglais, sanglés dans leur uniforme rouge, qui gardent le débarcadère, une foule bigarrée s'agite et bourdonne. Des Turcs, au teint foncé, correctement vêtus de redingotes noires et coiffés du fez national, coudoient des Arabes couverts de haillons étranges, des négrillons à moitié nus et des Européens de toutes nations. Çà et là, des derviches s'avancent gravement, dans leurs robes brunes, portant la tête immobile sous le haut bonnet gris brodé de vert.

Mais ce n'est point le moment de s'attarder en de minutieuses observations : il faut, avant tout, se préoccuper d'un gîte pour la nuit, et on nous a prévenu que cela ne se trouvait pas aisément.

UNE MOSQUÉE DE LA CANÉE.

UNE RUE DE LA CANÉE AVANT LES INCENDIES.

Effectivement, les deux hôtels de la Canée où nous nous présentons successivement sont herméti-quement clos.

Les propriétaires étaient Grecs et ont fui précipitamment lors des massacres.

Force nous est donc d'aller frapper à la porte du consulat de France.

Nous y recevons, d'ailleurs, le plus aimable accueil de la part du consul général, M. Blanc, qui nous offre l'hospitalité de la table. Le chancelier, M. Leca, ancien confrère, dont nous ne saurions assez reconnaître l'inépuisable complaisance, nous offre un des deux matelas sur lesquels il couche depuis que le corps consulaire a dû abandonner Halépa pour venir plus près, sous la protection des navires stationnaires.

Nous voilà donc tranquille pour la nuit et nous pouvons aller errer par la ville au gré de notre fantaisie.

A une centaine de mètres des quais, nous tombons tout de suite en plein quartier chrétien.

Quel désastre! Les rues offrent un aspect désolé: partout des ruines, des murs écroulés; une odeur insupportable vous prend à la gorge: ce sont des tonneaux d'huile qui brûlent encore, et sur la chaussée déserte, nous marchons, écœuré, dans une sorte de boue noirâtre faite de sang, de cendre et d'huile répandue.

Il n'est plus possible de douter, en présence d'un

UNE RUE DE LA CANÉE APRÈS LES INCENDIES.

3

pareil spectacle, de la façon dont ont commencé les troubles. Les dépêches étaient mensongères qui racontaient des rixes entre chrétiens et musulmans, des pillages réciproques, des massacres de part et d'autre.

Non! la vérité, c'est que sans la moindre provocation, les musulmans fanatiques envahirent la nuit le quartier chrétien, assassinant et torturant les hommes, les femmes, les enfants, dévalisant toutes les maisons qu'ils incendièrent ensuite : on me montre un ancien four de boulangerie, où sept Crétois furent enfermés et étouffés.

Impossible de dire que les chrétiens usèrent de représailles; les pauvres gens ne songeaient qu'à se réfugier sur les vaisseaux qui leur donnaient abri, ou à gagner la montagne : et la meilleure preuve, c'est que le quartier musulman est absolument intact, et qu'on ne saurait relever sur aucune maison turque des traces d'incendie ou de pillage.

Continuant notre promenade, nous passons successivement devant la caserne turque, un beau monument moderne, devant la mosquée principale qui émerge gracieusement d'une place ombragée, et enfin devant la forteresse où sont plantés les pavillons des six grandes puissances. La population est manifestement hostile aux étrangers et les regards sont haineux : mais les formidables canons des escadres rendent les musulmans très sages et nous pouvons errer ainsi sans le moindre danger.

Il est maintenant l'heure de rentrer au consulat. Nous y trouvons M. Blanc, et, profitant des dernières heures du jour, nous nous installons au balcon pour regarder l'animation du port sillonné par quantité de petites chaloupes à vapeur qui vont et viennent, prenant à terre des provisions pour les porter à bord des navires mouillés en dehors de la digue.

Nous avons le plaisir de faire la connaissance du colonel de Vialar, attaché militaire à Constantinople, venu en Crète pour organiser les réformes et qui nous donne sur les massacres d'Arménie d'effroyables détails. Le colonel de Vialar fut, on se le rappelle, chargé de l'enquête sur l'assassinat du Père Salvator. C'est dire s'il est renseigné sur les mœurs turques.

Le colonel de Vialar parle avec colère des massacres d'Arménie, des atrocités dont il fut témoin.

Il confirme les récits qui furent faits des effroyables tortures que savaient imaginer les Turcs pour leurs victimes : les femmes violées, les enfants découpés en morceaux sur les genoux de leur mère, les hommes égorgés ou assommés, certains

MASSACRES À LA CANÉE.

CASERNE TURQUE.

trépanés légèrement, afin que sur le cerveau mis à nu puissent s'acharner de répugnants insectes, d'autres écorchés vifs, la peau découpée en minces lanières, les ongles arrachés, les parties sexuelles comprimées et tordues.

Le chiffre de trois cent mille victimes, qui fut donné par M. Bérard, n'est point exagéré. Le colonel l'affirme. Et le plus abominable, c'est que ces massacres ne furent point spontanés, causés par un déchaînement soudain du fanatisme religieux.

Ils furent organisés administrativement sur un ordre venu de Constantinople, transmis par les hauts fonctionnaires, exécutés par les soldats en service régulier.

Et comme je m'étonne que les Arméniens n'aient pas davantage résisté à leurs égorgeurs, le colonel de Vialar me raconte un curieux épisode des massacres et qui prouve la singulière résignation de la plupart des Arméniens.

« Dans une rue de Constantinople, j'ai vu, dit-il, cinq soldats turcs organiser seuls la tuerie. Deux se mirent à un bout de la rue très étroite, deux à l'autre extrémité. Le cinquième pourchassait des Arméniens massés au milieu de la chaussée.

« Les infortunés, au nombre d'une centaine, furent successivement assommés à coups de bâton ! Ils n'eurent même pas l'idée de se servir, comme défense, des armes qu'ils avaient pourtant entre leurs mains ! »

Et le colonel de Vialar a fini de parler, encore tout ému par les terribles scènes qu'il vient de nous retracer.

La conversation s'engage ensuite avec cinq ou six personnes fort documentées sur la Crète, les populations diverses qui s'y heurtent. Et tous sont d'avis que l'autonomie promise par les grandes

FORTERESSE.

puissances serait bien difficile à établir, en tous cas impossible à maintenir longtemps.

Les arguments sont importants à retenir : l'avenir nous dira si nos interlocuteurs étaient bons observateurs et bons prophètes.

— Pourquoi donc, demandai-je, l'autonomie rencontre-t-elle de pareilles résistances ?

— Mais d'abord, me répond-on, il faudrait qu'elle fût clairement définie ! Or, les grandes puissances se sont bien gardées de nous dire ce qu'elles entendaient par l'autonomie. On n'a pas pu s'entendre sur le choix du gouverneur, homme politique ou prince quelconque, qui devra présider aux destinées de l'île ; on oublie de nous dire qui devra rétablir l'ordre, quelle armée sera chargée de le maintenir !

Comment dès lors les consuls des différentes nations peuvent-ils agir efficacement sur la population ?

Cette population est formée d'environ 250.000 chrétiens et 80.000 musulmans.

Qui dit autonomie dit — si l'on s'en rapporte au sens strict du mot — gouvernement d'un peuple par lui-même. Dès lors, d'après ce principe, les Crétois seraient appelés à choisir leur prince ou leur gouverneur, et à se donner des lois.

Mais l'immense majorité des habitants est chrétienne. Que deviendraient donc, en telle occurrence, les intérêts musulmans, la sécurité des personnes, la sauvegarde des propriétés ?

Pensez-vous que les chrétiens, maîtres de l'île, maîtres du gouvernement, avec une armée et des fonctionnaires indigènes, vont respecter la vie et les biens de leurs ennemis ?

Oubliez-vous qu'entre la population musulmane

CLOÎTRE DE GONIA.

et la population chrétienne il y a des haines effroyables, héréditaires, indestructibles. Des deux côtés on se reproche des meurtres, des exactions, des pillages; pas une famille qui n'ait à venger un de ses membres.

Et vous espérez que ces hommes vont faire taire leurs rancunes et renoncer à leurs vengeances?

Allons donc, les musulmans, maîtres dans les villes, continueraient les massacres s'ils n'étaient point complètement réduits à l'impuissance; et les chrétiens, en plus grand nombre dans les campagnes, n'hésiteraient point devant les pires représailles.

Dès lors vous serez obligés d'intervenir sans cesse : ce qui revient à dire que l'autonomie ne saurait avoir d'existence, si éphémère soit-elle, qu'avec une occupation perpétuelle des troupes étrangères.

Oui, perpétuelle! car ces haines séculaires ne sont point de celles qui peuvent s'amoindrir par le temps. Dans dix ans, dans vingt ans, dans cinquante ans, quand les troupes débarquées dans l'île partiraient, laissant les indigènes maîtres de leur destinée, les massacres et les pillages recommenceraient de part et d'autre.

Et cette armée d'occupation ! sera-t-elle internationale? Ce serait folie de penser que les nations peuvent songer à collaborer indéfiniment les unes et les autres au maintien de l'ordre en Crète!

Et si vous chargez une seule nation de former l'armée d'occupation, qui donc choisirez-vous ? Savez-vous pas que la nation qui prendrait une telle charge voudrait des compensations et ne songerait à rien moins qu'à s'annexer la Crète? Car cette armée d'occupation devrait être considérable. Il n'est pas question ici d'une population paisible et désarmée, que quelques bataillons peuvent tenir en respect. Si l'île possède près de 330.000 habi-

LE KONAK AVANT L'INCENDIE.

tants, chrétiens et musulmans, cela représente environ 90.000 hommes valides. Eh bien ! sur ce chiffre vous pouvez hardiment calculer que plus de 80.000 ont des fusils et des cartouches !

« Voilà ceux qu'on veut obliger à se gouverner eux-mêmes, alors qu'ils ne songent qu'à s'entretuer ! »

Telles furent les déclarations que nous croyons curieux de rapporter : elles sont, certes, inquiétantes pour l'avenir de la Crète et la solution pacifique de la question d'Orient.

Comme je me promettais une bonne nuit de sommeil et comme le matelas de M. Leca me paraissait confortable, dans son immobilité, après les trépidations des trains et les roulis des bateaux! La fatigue bienfaisante parvenait même à me faire endurer, sans trop de révolte, les assauts opiniâtres des punaises gourmandes qui, en Crète, se livrent à de nocturnes festins, et prouvent leur impartialité en s'attaquant, sans préférence marquée, aux peaux musulmanes et chrétiennes.

Hélas! hélas! ce repos réparateur fut de bien courte durée. A quatre heures et demie du matin, on frappe à notre porte des coups redoublés : ce sont les marins qui gardent le consulat et qui nous préviennent. Le feu est au konak, le palais du gouverneur est en flammes!

Vite, nous nous précipitons à la fenêtre. C'est vrai! Une lueur immense, d'un rouge intense, s'étend au-dessus de la ville et illumine le port. De hautes flammes crépitantes apparaissent au-dessus du télégraphe et éclairent de reflets blanchâtres et scintillants la petite mosquée, la mer houleuse;

dans le lointain, on aperçoit les masses énormes des cuirassés qui échangent entre eux des signaux électriques. Le spectacle est fantastique, surtout lorsque apparaissent au levant les pâles clartés de l'aurore qui vont jeter encore des tons étranges sur cette scène inouïe.

Sur le quai, des gens s'empressent, avec des cris sinistres ; des galops de chevaux font étinceler les pavés ; des embarcations arrivent, apportant les pompes des navires ; les commandements se croisent ; on entend des ordres en allemand, en anglais, en français, en italien ; des matelots se hâtent en des manœuvres méthodiques, et bientôt, c'est un roulement de tous les appareils de secours vers le palais en feu.

Tous les efforts sont inutiles : à chaque instant, des murailles s'écroulent avec fracas, faisant jaillir des myriades d'étincelles. Un marin italien est écrasé sous les décombres.

Vers huit heures du matin, l'œuvre de destruction est accomplie : le palais est complètement détruit, il ne reste plus qu'à noyer, sous des torrents d'eau, les décombres fumeux.

Il se passe là des scènes intéressantes : on sait que de lourdes caisses de fer contenant le trésor du palais ont été jetées par les fenêtres, et se sont brisées, laissant rouler autour d'elles pour plus de cent cinquante mille francs de livres turques. Le feu a fait fondre une grande partie de l'or : pourtant, il reste de nombreuses pièces qui sont intactes. Un détachement de marins italiens est chargé de garder l'endroit où elles se trouvent, en attendant que des fonctionnaires qualifiés viennent les ramasser : le capitaine italien qui commande est en petite tenue. Passe un officier turc qui, brusquement, déclare avoir vu un marin italien se baisser et prendre une pièce ; il parle grossièrement au capitaine italien, qui s'échauffe et finit par sauter à la gorge du Turc. On a grand'peine à lui arracher des mains le serviteur du Prophète, plus qu'à moitié étranglé.

Et puis on discute fort sur les causes du sinistre ; les uns accusent les Grecs, hypothèse bien invraisemblable, puisque tous ont quitté la ville. Les autres disent que les marins italiens logés dans le palais ont mis le feu par imprudence ; mais on fait observer que l'incendie s'est déclaré sur plusieurs points en même temps et qu'on doit, par conséquent, repousser cette explication.

Plus tard, seulement, on connaîtra les motifs qui poussèrent les musulmans à détruire le konak. Les voici : en Crète, toute ou presque toute la fortune immobilière appartient aux musulmans ; au contraire, les chrétiens sont détenteurs de l'argent. Les sujets du sultan, très dépensiers, empruntèrent sur hypothèque à leurs irréconciliables ennemis ; et le bureau des hypothèques était précisément installé au konak. Les musulmans, en incendiant le palais, faisaient disparaître les inscriptions prises sur leurs propriétés : ingénieux moyen, comme on voit, de se libérer de leurs dettes !

CALCHIS.

PLATANIA.

CHAPITRE III

Chez les insurgés. — L'imagination d'Ismaïl-Bey.

Le séjour à la Canée est loin d'être ennuyeux : les événements s'y succèdent avec une telle rapidité que les heures passent vite. Mais nous sommes surtout pressé de prendre contact avec les insurgés.

Nous retournons donc à bord de l'*Eurotas*, où nous retrouvons nos compagnons de route qui se disposent à aller présenter leurs hommages au commodore Reineck et demander l'autorisation de débarquer à Platania, au camp de Vassos. Le meilleur est de nous joindre à eux.

En quelques minutes un canot nous conduit à l'*Hydra* et nous sommes immédiatement introduit auprès du chef de l'escadre grecque.

Le commodore Reineck est très affecté : il nous dit sa fâcheuse situation réduit à l'impuissance par les amiraux étrangers qui lui interdisent toute communication avec Vassos : il lui faut user de ruse pour correspondre avec les insurgés !

Avec des larmes dans les yeux il raconte son désespoir à la vue du bombardement de l'Akrotiri par les bâtiments anglais, allemands et russes :

« Heureusement, dit-il, les canons français sont restés muets ; c'eût été trop douloureux de voir l'amiral Pottier se joindre à ses collègues ! Nous aimons tant la France ! »

M. Reineck était évidemment intéressant à écouter et nous eût même paru touchant si auparavant certains officiers ne s'étaient amèrement plaints à nous de son incapacité et de sa faiblesse.

« N'est-il pas honteux, s'exclamaient-ils, que nous ayons assisté les bras croisés au bombardement de nos nationaux ? Notre devoir était de riposter en tirant sur le camp turc. Reineck en se soumettant aux ordres des amiraux nous a tous déshonorés ! »

Ce sentiment était d'ailleurs partagé par l'opinion publique à Athènes. Plus tard, nous entendrons faire les mêmes reproches au commodore qui, destitué quelques semaines après, dut aller se cacher à Paros pour éviter les huées qu'on lui ménageait au Pirée.

Pour l'instant nous n'avions point à discuter, mais à trouver le rapide moyen de nous faire conduire à Platania.

Sur ce point, M. Reineck nous dit qu'il ne peut prendre la responsabilité de nous y débarquer. « C'est à l'amiral italien Canevaro qu'il faut vous adresser », ajoute-t-il.

Vite, nous rédigeons une demande qu'une chaloupe à vapeur va porter à l'amiral. Une heure après la réponse nous était rapportée : refus absolu de communiquer avec les insurgés.

Est-il besoin de dire que cette décision était bien faite pour redoubler notre désir de nous rendre à Platania !

Et sans plus nous soucier des défenses officielles, nous décidons de tenter l'aventure : nous nous embarquons sur un petit bateau avec M. Papamichalopoulo, député hellénique, patriote fervent, un des chefs du mouvement insurrectionnel, venant se documenter pour la préparation d'un grand discours qu'il doit prononcer à la Chambre. Nous essayerons de forcer le blocus et d'échapper à la surveillance des torpilleurs anglais.

Les deux principales positions des insurgés, du côté de la Canée, sont l'Akrotiri et Platania.

L'Akrotiri est une presqu'île à l'est de la Canée.

Les insurgés y sont commandés par Pappas Maleko.

Platania est une petite ville à l'ouest : insurgés et troupes régulières helléniques y sont sous les ordres du colonel Vassos. Une première fois, nous voulons aborder sur le rivage de Platania, mais la mer est démontée, une sorte de barre redoutable empêche d'atterrir et nous sommes forcés de rebrousser chemin.

Nous commencerons donc notre excursion par l'Akrotiri. Il est plus facile d'aborder dans une des petites criques de la côte, et nous nous dirigeons vers l'anse de Terséna. Vers 2 heures de l'après-midi nous y arrivons.

A peine notre barque, où est arboré le pavillon grec, approche-t-elle du rivage qu'une cinquantaine d'insurgés surgissent brusquement de derrière les

rochers et nous débarquons au milieu de l'enthousiasme général.

Papamichalopoulo est vite entouré : on l'embrasse, on lui serre les mains. Et lorsque ma qualité de journaliste français est connue, je reçois mille marques de sympathie.

Immédiatement, je lie conversation avec un jeune insurgé qui parle admirablement le français. C'est Jean Penesis, le fils d'un riche industriel athénien, qui est venu s'engager pour faire le coup de feu.

C'est sous sa conduite que nous grimpons, à travers des sentiers rocailleux, jusqu'au petit village de Khoraflaki, qui fut, il y a quelques semaines, dévasté, pillé, brûlé par les Turcs. Partout des ruines près desquelles campent des groupes d'habitants sans abri.

De temps en temps, on passe auprès d'un des nombreux couvents qui peuplent l'Akrotiri : l'incendie les a épargnés presque tous.

Rien de pittoresque comme notre cortège. Penesis, Papamichalopoulo et moi marchons en tête suivis de la troupe des insurgés tous armés de fusils, de poignards, de revolvers, avec des multitudes de cartouches à la ceinture et en bandoulière.

Sur la tête, presque tous portent un mouchoir noir roulé en forme de mince turban. Ce mouchoir est l'emblème de la révolte, le signe de ralliement qui s'oppose au fez rouge.

Bientôt nous pénétrons dans une petite maison à peu près intacte, de la terrasse de laquelle la vue s'étend sur la magnifique baie de la Sude, éclairée à cette heure par les rayons pourpres du soleil couchant.

Là, on nous apporte une petite collation : de l'agneau, des olives et du vin. Pas de pain, les insurgés en manquent absolument et depuis longtemps.

Et alors on cause, on s'exalte. Chacun dit ses coè res, ses enthousiasmes, ses espoirs.

BAIE DE LA SUDE.

On me montre les poignards : sur la lame est gravée cette devise : « L'union (avec la Grèce) ou la mort ».

Et tous ont dans les yeux la résolution qui prouve que cette devise n'est point une fanfaronnade, mais l'expression même de leur volonté.

Ces insurgés sont d'ailleurs des hommes superbes, véritables montagnards très différents des dégénérés de l'Attique ; ils sont grands, bien découplés, agiles, nerveux, avec des cheveux un peu crépus et des yeux très noirs : vraiment ils représentent une race forte et d'avenir.

Dès qu'un enfant a la force nécessaire pour porter un fusil, on l'exerce au maniement de l'arme qui lui permettra de défendre plus tard sa vie et sa liberté. Voici un jeune gamin de onze ans qui, avec une lueur de fierté dans les yeux, raconte la part qu'il a prise à la dernière bataille.

— « Je suis certain d'avoir tué au moins un Turc ! » dit-il.

Et les vieux combattants qui sont là approuvent avec des gestes caressants et paternels la vaillance du jeune héros.

— « Celui-là sera plus heureux que nous, ajoutent-ils, car l'heure de la délivrance a sonné : il ne connaîtra plus l'esclavage qui fut toujours notre sort. »

Penesis se lève et dit :

— « Il y a des siècles que nous luttons pour l'indépendance et la liberté. Nous achèterons l'une et l'autre avec notre sang. Mais pas un peuple n'a fait preuve d'autant d'héroïsme et de persistance dans la révolte. N'avons-nous point mérité un sort plus heureux ? »

Puis, on parle de la France ! de l'ancienne France surtout, de celle qui fut l'amie et la protectrice de la Grèce.

Et Pappas Maleko, qui est arrivé depuis quelques instants, se lève à son tour.

PAPPAS MALEKO.

Il est merveilleux ce chef, ce prêtre qui a quitté la soutane noire pour la veste courte et les culottes bouffantes des insurgés. Avec ses yeux très bleus, son nez droit, son teint mat, ses longs cheveux roulés en chignon sous le mouchoir noir, sa grande barbe brune qui tombe sur la poitrine, il apparaît comme un prophète inspiré d'un fanatisme fougueux.

— « Je ne puis comprendre, dit-il, comment le drapeau français se trouve mêlé à tout ce qui se fait contre nous. En 1870, par reconnaissance, un grand nombre d'entre nous se sont engagés pour porter secours à la France. C'était notre devoir et nous ne le regrettons pas. Mais pourquoi faut-il que nous assistions à ce douloureux spectacle : des Français alliés avec des Allemands contre nous ! »

C'eût été trop long d'expliquer les raisons compliquées de notre politique : mieux valait garder le silence.

Mais les toasts succèdent aux toasts et l'enthousiasme grandit. Alors ce sont des salves de coups de fusil qui éclatent autour de nous, tandis que nous buvons à l'affranchissement des peuples.

Puis, l'heure étant avancée, nous retournons, accompagnés de tous, vers le rivage où attend notre barque, et dans la nuit qui tombe, nous suivons au retour le même sentier qu'à l'aller.

Encore des poignées de mains, des salves, des vivats, et le silence se rétablit, seulement troublé par les grincements rythmés de nos avirons !

Le lendemain matin, nous décidons, Papamichalopoulo et moi, de faire une nouvelle tentative pour pénétrer au camp de Vassos.

Cette fois, nous sommes résolus à aborder, coûte que coûte. La mer est encore très forte et des lames énormes se brisent sur le rivage avec fracas, dans un tourbillon d'écume neigeuse. Dix fois nous essayons d'atterrir, dix fois nous manquons de chavirer et nous sommes entraînés au large par le reflux. Enfin, une manœuvre savante de l'officier de marine qui gouverne nous jette sur le sable ; un coup de mer nous inonde, mais des mains vigoureuses nous saisissent et nous voilà au milieu d'une foule d'officiers, de soldats, d'insurgés, qui suivaient depuis une heure, avec beaucoup d'attention, toutes les péripéties de notre navigation.

La plage est éloignée d'environ deux kilomètres du village de Platania, étagé sur le revers d'une petite colline. Nous nous hâtons d'y monter pour aller saluer le colonel Vassos, un homme de haute taille, à physionomie énergique, qui semble disposé à bien faire son devoir.

L'état moral des troupes paraît excellent. Soldats et insurgés sont en bonne santé et semblent pleins d'ardeur. Mais ils sont bien mal équipés, manquent de pain, de chaussures, de tentes, de médicaments. Ils souhaitent ardemment s'enfoncer dans l'intérieur où ils espèrent trouver des vivres. Vassos a grand'peine à les retenir, car il veut éviter de nouveaux massacres.

Il importe, ici, de rendre justice aux sentiments humanitaires dont fit preuve le colonel grec pendant tout son séjour en Crète.

Dans la visite que je fis au camp de Platania, je pus me convaincre de la vigilance de Vassos à éviter l'effusion du sang.

Quelques jours à peine venaient de s'écouler depuis la dernière bataille de Boukolies qui avait été particulièrement meurtrière des deux côtés. Cent six prisonniers musulmans étaient aux mains de Vassos, et les insurgés en réclamaient la mort.

Le colonel était obligé de faire garder avec énergie la maison où logeaient les prisonniers. Ayant manifesté le désir de voir comment ils étaient traités, on me conduisit aussitôt auprès d'eux, et je les interrogeai. Ils m'ont tous affirmé n'avoir pas à se plaindre et être suffisamment nourris ; les malades et les blessés recevaient, deux fois par jour, la visite du médecin. J'ai su, depuis, que ces prisonniers avaient été conduits à l'île de Samos et remis simplement en liberté. Ces choses sont bonnes à dire, car l'opinion publique fut souvent égarée par des télégrammes qui racontaient, à la charge des chrétiens, des cruautés imaginaires. C'est que les fonctionnaires turcs travaillaient de leur mieux à répandre contre leurs ennemis d'odieuses accusations.

La petite anecdote suivante en fait preuve.

Au retour de Platania, revenu à la Canée, je rencontrai tout de suite M. Leca, chancelier de France, qui me proposa de l'accompagner dans une visite au gouverneur Ismaïl-Bey, successeur de Berovitch-Pacha.

Ismaïl est un affreux petit homme, très roux, très sale, au regard fuyant, au geste obséquieux. Il nous reçoit sans façon, en chemise de nuit et en robe de chambre ; il ignorait, bien entendu, mon excursion à Platania.

— Comme je suis heureux de vous voir, s'écrie-t-il en excellent français, d'ailleurs ! Il nous faut des journalistes pour éclairer l'opinion. Eh bien, je vais vous donner une preuve de la cruauté des Grecs. Il faudra télégraphier cela aux journaux, et on verra bien de quel côté sont les sauvages !

Le début promettait, et je n'avais qu'à laisser mon interlocuteur poursuivre son récit.

— Figurez-vous, continua Ismaïl, que les Grecs ont parmi les prisonniers faits à Boukolies, cinq pauvres petits enfants dont l'aîné n'a pas dix ans. On s'est acharné sur ces infortunés. L'un d'eux a reçu trois balles dans la jambe, l'autre a le nez coupé, un troisième les oreilles arrachées, tous enfin sont absolument mutilés.

Ce disant, Ismaïl avait les larmes aux yeux ; en des gestes éplorés il montrait la place des blessures, des mutilations.

Quand il eut terminé :

— Pardon, lui dis-je, monsieur le gouverneur ! votre historiette est fort intéressante, mais elle a l'inconvénient d'être un peu inexacte.

— Comment, inexacte ! sursaute Ismaïl, avec une indignation admirablement jouée.

— Hélas, oui ! Excellence. Les cinq enfants dont vous parlez, je les ai vus à Platania, d'où j'arrive. Mieux que cela, je les ai ramenés avec un député hellène et un officier de marine grecque. Ils étaient sur nos genoux, enveloppés dans nos manteaux, dans la barque qui vient de les déposer à bord de l'*Hydra*. Avant une heure ou deux ils seront entre vos mains, car Vassos vous les renvoie dans l'espoir qu'ils pourront ici retrouver leurs parents disparus à Boukolies. Je vous jure qu'ils se portent comme vous et moi et qu'ils n'ont pas subi la moindre violence !

LE CAWAS DU CONSULAT.

De fait, les cinq enfants avaient été l'objet de soins tout particuliers, et je vois encore un matelot berçant dans ses bras le plus petit qui souffrait du mal de mer et pleurait à chaudes larmes.

Ne croyez pas, au moins, qu'Ismaïl parût gêné parce qu'il était pris en flagrant délit de mensonge.

— Ah ! je supposais ! répliqua-t-il paisiblement, avec une belle insouciance d'Oriental qui a manqué son coup !

RETIMO.

CHAPITRE IV

Révolte des gendarmes. — La Baie de la Sude. — Sauvetage à Halepa.

Ce matin-là, 1er mars, nous fûmes réveillés de bonne heure par le cawas du consul, le majestueux Mustapha-aga, un personnage imposant, de tenue fort correcte dans son costume bleu, brodé de noir, serré à la taille par une ceinture de cuir rouge, véritable arsenal de couteaux ciselés et de poignards à manches d'ivoire.

Que voulait Mustapha à cette heure matinale!

— Effendi! prononça-t-il, on se bat à Sikalaia. Vite, enfilons nos bottes et allons voir cela!

Sikalaia est à 3 kilomètres de la Canée : en pressant le pas, nous y serons bien vite arrivés. Et nous voilà partis, guidés par le crépitement de la fusillade.

Mais voilà les deux troupes aux prises que nous apercevons au sortir de la ville. Il s'agit maintenant de trouver un abri d'où nous pourrons sans trop de risques suivre les péripéties du combat. Précisément une petite éminence est là, dans un champ. Quelques minutes désagréables sont vite passées à traverser un endroit découvert. Ouf! nous sommes maintenant relativement protégés et nous pouvons regarder à notre aise.

Le ciel est étonnamment pur, de ce bleu clair, limpide, qu'on connaît seulement en Orient. En face, les montagnes de Crète, toutes couronnées de neige.

A mi-côte sont trois villages qui brûlent : les flammes jaillissent et la fumée blanche monte lentement.

C'est autour de cet immense incendie que se livre la bataille : la fusillade est incessante ; Grecs et Musulmans ne ménagent point la poudre.

Ils ne sont point rangés en troupes compactes : chaque combattant cherche à se dissimuler derrière un arbre, un mur, un rocher. De temps en

LA RÉVOLTE DES GENDARMES TURCS.

temps un homme, avec mille précautions, s'avance, tire et s'enfuit en courant : véritable guerre d'embuscade où excellent les Crétois, montagnards souples et agiles.

De pareilles rencontres sont d'ailleurs peu meurtrières : commencée à 7 heures du matin, la fusillade ne cesse qu'à 2 heures de l'après-midi. Du côté turc, on accuse sept ou huit morts et une quinzaine de blessés qu'on rapporte en grande pompe, drapeaux en tête. Du côté chrétien, les pertes sont inconnues, mais sans doute peu considérables.

En rentrant en ville, nous trouvons la population en émoi. Les gendarmes turcs viennent de se mutiner. Ils sont là, dans la cour du konak, et depuis le matin tiennent prisonnier, sous menace de mort, leur colonel, Suliman-Bey.

Depuis dix-huit mois, ils n'ont pas touché leur solde ; ils déclarent qu'ils meurent de faim, eux et leur famille, et qu'ils veulent être payés aujourd'hui même.

Plusieurs fois dans la journée, le commandant anglais Bor avait sommé les mutins de mettre bas les armes et toujours les gendarmes avaient refusé.

Enfin, vers 4 heures et demie, Bor prend la résolution de mettre fin à cette situation critique :

sur un signal, il s'élance en avant, ayant à sa droite Suliman-Bey, à sa gauche un capitaine italien, derrière, une compagnie de marins italiens et russes.

Les gendarmes, pour repousser cette charge, tirent aussitôt trois coups de fusil, dont l'un tue net le colonel et blesse à la main un marin italien. Les marins ripostent et cinq gendarmes tombent, deux morts et trois blessés. Les autres, affolés, se rendent et jettent leurs armes; ils sont immédiatement entourés et réduits à l'impuissance.

La cour du konak présente à ce moment un spectacle extraordinaire. Çà et là sont massées des compagnies de toutes les nations, l'arme au bras. Il est étrange, ce coudoiement des uniformes français, anglais, italiens, russes et allemands. Des commandements en toutes langues se croisent, cependant que le soleil qui se couche éclaire la scène de nuances cuivrées et mauves.

Le long des ruines encore fumantes du dernier incendie, les prisonniers sont adossés. A un moment, on les fait ranger contre un mur et ils s'imaginent qu'on va les fusiller. C'est alors une scène pitoyable : les malheureux se jettent à genoux, crient, pleurent, demandent grâce.

On parvient à les rassurer après un étourdissant charivari. Il est convenu qu'une enquête sera faite et que les meneurs seuls seront conduits à Constantinople pour être jugés. Les autres seront frappés d'une peine disciplinaire. Dès lors tout se calme, et nous n'entendons plus que les hurlements de douleur qui s'échappent des bâtiments voisins où furent transportés les blessés et où les amis du colonel poussent de longs sanglots à la mode turque!

2 mars, journée bien remplie! Depuis mon arrivée en Crète, j'entendais parler de la baie de la Sude qui est, de l'avis de tous, la clef de la question crétoise. Il était donc intéressant de la visiter, d'autant plus que, pour s'y rendre, il fallait passer sur la route où, la veille, se livrait la bataille de Sikalaia. M. Leca voulut bien m'accompagner et nous partîmes de bon matin, montés sur deux petits chevaux d'allure débonnaire.

De la Canée à la Sude, il faut environ une heure et demie à cheval. Le pays est magnifique et d'une grande fertilité. Mais, quelle désolation! Pas une maison qui ne soit incendiée, ruinée, encore fumante. Les fenêtres qui restent sont transformées en meurtrières et dans les villages que nous traversons, les rues sont encombrées de barricades.

Nous sommes en plein pays turc et les visages sont plutôt menaçants. Pourtant, on n'oserait pas toucher à des Européens.

Que de ravages! les oliviers sont brisés et des milliers de branches gisent à terre; la haine s'en prend aux arbres et les abat pour faire durer plus longtemps les traces de la vengeance.

Nous arrivons enfin à la baie de la Sude et nous comprenons alors toutes les ambitions qui s'agitent autour de cette merveilleuse rade naturelle, entourée au midi, à l'est et à l'ouest de hautes collines et garantie contre les vents du nord par une petite île qui en masque l'entrée. Très vaste, elle pourrait abriter toutes les escadres du monde qui, par les plus gros temps, y seraient comme sur un lac.

Il est évident que, pour une Puissance, la possession d'une baie comme celle-là pourrait lui assurer définitivement la suprématie dans la Méditerranée; le consul anglais, sir Billiotti, le sait mieux que personne et d'aucuns prétendent, avec quelque apparence de raison, qu'il joua, dans les événements crétois, un rôle très suspect.

Revenus, sans encombre, déjeuner à la Canée, nous organisons, pour l'après-midi, une petite expédition à Halépa.

Halépa (ou *Khalépa*) est comme un faubourg de

HALÉPA. — LA MAISON DES SOEURS.

la Canée; c'est une assez importante bourgade qui s'élève sur une hauteur d'où on découvre la ville, la mer, la campagne environnante.

Le climat en est délicieux et le corps consulaire y est habituellement installé. Mais, pour l'instant, tous les consuls ont abandonné Halépa, où les musulmans se livrent sans cesse au pillage, pour venir à la Canée sous la protection des troupes débarquées.

Avant l'insurrection, des sœurs françaises avaient aussi à Halépa une maison de campagne qu'elles durent quitter précipitamment; grande est maintenant leur inquiétude, car elles ont laissé là-bas un cheval, quelques poules, un cochon, une chèvre, etc., etc. Que sont devenues les pauvres bêtes? La supérieure du couvent a bien chargé un habitant de Halépa de leur donner à manger. Mais à qui se fier, Seigneur?

Mon confrère Laroche, de l'agence Havas, et moi nous décidons, pour calmer les angoisses de cette religieuse éplorée, d'aller délivrer tous ces animaux.

Et nous voilà partis avec la supérieure et une bonne vieille tourière.

Après trois quarts d'heure de marche, nous arrivons en face de la maison, les sœurs poussent une exclamation de joie: tout paraît tranquille, la porte n'est pas brisée, le jardin n'a pas souffert!

Nous entrons bien vite et nous nous dirigeons vers l'écurie.

O bonheur! le vieux cheval est à sa place, très maigre, très sale, mais en bon état relatif; le cochon grogne, la chèvre fait des sauts, tandis que le coq s'égosille triomphant. Dans la maison, pas la moindre trace de pillage. Les sœurs sont si con-

LA CANÉE VUE DE HALÉPA.

tentes qu'elles m'obligent à me mettre au piano, et à jouer la *Marseillaise*, qu'elles entonnent avec plus d'enthousiasme que le plus pieux cantique. Rouget de l'Isle, lorsqu'il composa son hymne, n'espérait point, sans doute, trouver plus tard de si ferventes interprètes parmi des nonnes françaises.

Mais il faut songer au retour; tant bien que mal, nous étrillons le cheval, nous l'attelons à la voiture avec l'aide de deux gendarmes survenus fort à propos.

Puis dans cette guimbarde s'installent les deux sœurs retenant tant bien que mal sur leurs genoux ou à côté d'elles, des poules qui protestent, la chèvre qui réclame, le cochon qui s'indigne, un petit chien trop joyeux et fort bruyant.

Le cheval, ayant perdu l'habitude du travail, se rebiffe. Nous devons, pour avancer, pousser aux roues, jurer, crier, tirer, fouetter! C'est dans cet étrange équipage que nous ferons notre entrée à la Canée, bravant les huées et les rires moqueurs des indigènes peu habitués à ce spectacle d'une arche de Noé à quatre roues, d'où s'échappent les cris les plus discordants!

VUE DE CANDIE.

CHAPITRE V

L'ultimatum. — Retour à Athènes.

Certes, il y a encore bien des incidents à prévoir en Crète et le séjour à la Canée est loin d'être banal.

La ville est sans cesse agitée par les nouvelles qui arrivent des différents points de l'île. On dit que 1.500 musulmans ont été massacrés à Sitia. Les chiffres sont fort exagérés, mais ils sont tenus pour exacts par la population musulmane, qui profère des menaces continuelles contre les chrétiens et tous les Européens.

Les consuls sont aussi fort préoccupés du sort des musulmans qui sont assiégés à Selino par les insurgés.

Si des massacres se produisent là-bas, il sera impossible de maintenir l'ordre parmi les Turcs de la Canée. Aussi, les amiraux, avisés par les consuls, ont-ils fait une démarche auprès des insurgés pour les prier de ne point massacrer les assiégés.

La réponse étant défavorable, on s'adresse alors au colonel Vassos, qu'on prie d'intervenir. Le commandant des troupes régulières helléniques ne se fait pas prier, et envoie aussitôt un aide de camp pour conseiller aux insurgés d'épargner les habitants de Selino.

A l'heure où nous sommes, on ne connaît point encore le résultat de cette démarche; mais il faut avouer que la situation est vraiment incohérente.

C'est au jour même où les amiraux sont obligés, pour éviter de nouvelles complications, de recourir à l'intervention du colonel Vassos, que les grandes puissances adressent au gouvernement hellénique un ultimatum comminatoire pour l'obliger à rappeler ses troupes de Crète !

L'ultimatum des grandes puissances, remis le 2 mars à M. Skouzès, ministre des affaires étrangères, était ainsi conçu :

« Sur l'ordre de mon gouvernement, je porte à la connaissance de Votre Excellence que les grandes puissances se sont entendues pour arrêter la ligne de conduite destinée à mettre fin à une situation qu'il ne dépendait pas d'elles de prévenir, mais dont la prolongation serait de nature à compromettre la paix de l'Europe.

« Les puissances sont tombées d'accord sur les deux points suivants :

« 1° La Crète ne pourra en aucun cas, dans les conjonctures actuelles, être annexée à la Grèce ;

« 2° Vu les retards apportés par la Turquie à l'application des réformes arrêtées avec elles, les puissances sont résolues, tout en maintenant l'intégrité de l'empire ottoman, à doter la Crète d'un régime d'autonomie absolument effectif, destiné à lui assurer un gouvernement absolument séparé sous la haute suzeraineté du sultan.

« La réalisation de ces vues ne saurait, selon les puissances, être obtenue que par le retrait des navires et des troupes helléniques. Elles attendent avec confiance cette détermination de la sagesse du gouvernement hellénique, qui ne voudra pas persister dans une voie contraire aux résolutions des puissances.

« Les ministres ne dissimulent pas que leurs instructions leur prescrivent de prévenir le gouvernement hellénique qu'en cas de refus, les puissances sont irrévocablement déterminées à ne reculer devant aucun moyen de contrainte si à l'expiration du délai de six jours le rappel des navires et des troupes n'est pas effectué. »

Les Athéniens furent indignés de cet ultimatum, et de nombreux meetings de protestation ne manquèrent pas d'être organisés jusqu'au moment où le gouvernement hellénique publia sa réponse, dont nous extrayons les passages principaux :

« Nous croyons que le nouveau régime autonome, que les grandes puissances viennent d'adopter, ne pourra pas malheureusement répondre aux nobles intentions qui l'inspirent, et qu'il subira le sort des différents systèmes administratifs qui furent à différentes reprises expérimentés sans succès en Crète.

« Ce n'est pas la première fois que la Crète se trouve dans cet état de soulèvement. Dans ces derniers temps, plus de six fois les horreurs de l'anarchie ont ébranlé et mis en péril son existence.

« Si donc le nouveau régime dont il s'agit de doter l'île n'est pas de nature à y rétablir l'ordre d'une manière définitive, le gouvernement hellénique n'a aucun doute sur l'impossibilité de mettre un terme à l'état révolutionnaire actuel. L'anarchie continuera à ravager le pays. Le fer et le feu, dans la main d'un fanatisme aveugle, continueront leur

VUE PRISE À CANDIE.

œuvre de destruction et d'extermination d'un peuple qui assurément ne mérite pas un tel sort.

« Devant une telle perspective, notre responsabilité serait énorme si nous ne venions pas prier les grandes puissances de ne pas insister instamment sur le système d'autonomie proposé, mais de rendre à la Crète ce qui lui avait déjà été accordé, lors de l'affranchissement des autres provinces formant l'organisme hellénique, et de la réunir à la Grèce à laquelle elle a déjà appartenu au temps de la présidence de Capo d'Istria.

« Si par suite de la présence des escadres réunies des grandes puissances dans les eaux crétoises, et sur la conviction que ces flottes ne permettront pas le débarquement des troupes ottomanes, la présence de tous les navires de la flotte hellénique qui se trouvent en Crète peut n'être pas jugée nécessaire ; au contraire, le séjour dans l'île de l'armée hellénique est indiqué par les sentiments d'humanité, ainsi que par l'intérêt même du rétablissement définitif de l'ordre. Notre devoir, notamment, nous impose de ne pas abandonner le peuple crétois à la merci du fanatisme musulman et à celui de l'armée turque, qui, de tout temps, a participé sciemment aux actes d'agression de la populace contre les chrétiens. »

Il nous a paru indispensable de publier ces deux documents. A l'heure où paraîtront ces lignes, près d'un an après les événements que nous racontons, la question crétoise n'est pas résolue. Il faut que le lecteur puisse comprendre les raisons du retard apporté à la solution. Il est bon de rappeler les engagements pris par les grandes puissances, les objections faites par la Grèce. Cela servira à établir les responsabilités encourues par les unes et par l'autre dans les douloureuses conséquences des décisions prises. En tous cas, après un tel échange de notes diplomatiques, il devenait évident que l'intérêt n'était plus seulement en Crète, mais que les choses allaient se gâter et dans la capitale hellénique, et sur la frontière de Macédoine.

Je partis donc sur l'*Halcyon*, petit vapeur anglais, détestable sabot qui sent mauvais et roule à plaisir. Quelle traversée ! Parti de la Canée le jeudi à 4 heures du soir, c'est seulement le dimanche matin que nous arrivons à Syra.

En temps ordinaire, la traversée est de 18 heures !

Le vendredi matin, de très bonne heure, nous jetons l'ancre devant Retimo, où nous avons quelques marchandises à débarquer et à embarquer.

De la dunette, où nous sommes installés, nous entendons de continuelles décharges de coups de fusil. Et, avec la jumelle, nous pouvons même apercevoir les combattants.

Derrière les dernières maisons de la ville, les Turcs sont embusqués et tirent sur les insurgés qui, de tous côtés, les cernent. On voit le fusil s'abaisser, le coup partir : rarement d'ailleurs la balle atteint son but.

Dès notre mise en route, nous sommes assaillis

par une formidable tempête. Le vent est terrible, les lames menaçantes, et le petit navire pousse des gémissements de mauvais augure. Si bien que le capitaine renonce à tenter de pénétrer dans le port de Candie, dont l'entrée est fort difficile. Il prend la résolution d'aller se mettre à l'abri dans une petite anse très sûre qu'offre l'île dénudée et déserte de Standia. Nous y arrivons tant bien que mal et nous voilà enfin délivrés de l'abominable roulis qui nous secoue depuis douze heures.

Là, nous allons passer une journée mortelle à parcourir des rochers, à chercher, mais en vain, le plus petit coin de verdure, à peine distrait par les propos incohérents d'un poète extravagant, qui s'intitule pompeusement le capitaine Nicolas, parle d'Homère, comme d'un confrère de talent, et passe son temps à réciter d'une voix nasillarde des vers patriotiques!

Enfin, la mer est devenue plus calme et nous pouvons nous remettre en route. Quelques heures de traversée et nous entrons dans le port de Candie, protégé par deux môles vénitiens et très ensablé.

A peine débarqué sur les quais, très animés, je suis accosté par un gendarme turc qui, dans un charabia surprenant, avec des gestes forcenés, me

VUE DE CANDIE.

fait une longue démonstration naturellement incompréhensible pour moi.

Je veux lui tourner le dos, il me suit; je me fâche, il sourit; je lui offre de l'argent, il secoue la tête ; j'insiste, il prend la monnaie, mais ne manifeste pas l'intention de me lâcher.

Enfin, je parviens heureusement, grâce à une ingénieuse mimique, à lui faire comprendre mon désir d'être conduit au consulat français, où je suis reçu à merveille et où on m'explique que le gendarme n'avait d'autre but que de m'offrir ses services pour la visite de la ville.

Elle est d'ailleurs fort curieuse, cette ville entourée d'une enceinte bastionnée, et dont les fortifications imposantes datent de l'occupation vénitienne. A chaque pas, on rencontre des souvenirs de cette occupation, et j'admire surtout, près du quartier juif, une délicieuse fontaine admirablement conservée.

A Candie, comme à la Canée, la situation est critique et quelques heures suffisent pour se convaincre que les haines ne sont pas près de s'éteindre et que longtemps encore, les meurtres, les incendies désoleront la ville.

Mais il nous faut à la hâte retourner sur le déplorable *Halcyon*, avec la pénible perspective d'être de nouveau secoué pendant huit heures avant d'arriver à Syra.

On est d'ailleurs bien récompensé de ses peines *par le magnifique panorama qu'offre la petite ville* d'Hermopolis toute éclatante de la blancheur de ses marbres et qui s'étage le plus harmonieusement du monde sur les flancs de deux hautes collines.

Syra, c'est la reine des Cyclades, l'île enchantée au climat exquis où l'on voudrait longtemps séjourner.

Hélas ! je dus à peine y rester quelques heures, juste le temps d'aller serrer la main de notre ancien confrère, Gaston Lemay, explorateur hardi, devenu prudent et sage consul, à l'accueil hospitalier.

Ici, comme à Athènes, c'est l'exaltation perpétuelle, la résolution proclamée avec emphase de tout supporter plutôt que d'abandonner la cause crétoise, l'indignation contre la trahison européenne, la tristesse quand il s'agit du rôle de la France.

Le soir est vite arrivé, en longues et intéressantes conversations, et en courses à travers la curieuse ville.

Dès sept heures et demie, on n'entend plus que des chants patriotiques, des cris d'enthousiasme, des acclamations. Les manifestations se succèdent sans interruption, et toutes vont se mêler sur le quai devant le bateau où je dois m'embarquer pour le Pirée et où 500 hommes vont prendre passage à destination de la Thessalie. Tous les jours, il y a des départs semblables, car c'est à Syra que sont concentrés tous les hommes appelés par la mobilisation.

Sur le bateau, les manifestations continuent ; sur les quais, aux fenêtres des maisons, des feux de bengale s'allument et sous les reflets rouges et verts qui illuminent la nuit très sombre les soldats chantent et dansent au son d'une modeste cornemuse.

Joie bien douloureuse, pour le voyageur clairvoyant qui prévoit les désastres et songe aux tristesses de la guerre prochaine !

FARANDOLE DE SOLDATS GRECS.

MONASTIR.

DEUXIÈME PARTIE

PRÉPARATIFS DE GUERRE

CHAPITRE I

L'opinion à Athènes. — L'Ethniki hetairia. — A la frontière de Thessalie.

Nous voici de retour à Athènes. Toujours de l'animation et de l'enthousiasme : sur la place de la Constitution les groupes sont toute la journée en permanence et discutent longuement l'ultimatum des grandes puissances et la réponse du gouvernement hellénique.

« Nous ne céderons qu'à la force, disent les plus modérés! Que les grandes puissances viennent donc bombarder l'Acropole ! »

« Il faut faire immédiatement la guerre, clament les exaltés; commençons les hostilités en Macédoine et emparons-nous de Janina en Albanie ! »

Pour retrouver un peu de calme dans la discussion, il faut s'adresser au monde officiel. Les ministres sont évidemment entraînés par la pression de l'opinion publique; mais pourtant ils essayent de contenir l'emballement général.

Tandis que le colonel Metaxas, ministre de la guerre, organise, tente d'organiser plutôt, la mobilisation, son collègue des affaires étrangères, M. Skouzès, fait de son mieux pour trouver une solution pacifique : il compte surtout sur l'intervention de la Chambre française, et, dans une conversation, nous fait part de la combinaison qui lui apparaît la plus pratique.

« Avant de prendre son attitude définitive, déclarait M. Skouzès, la France doit être mise au courant de nos desseins : la Grèce continue à demander l'annexion de la Crète.

« Mais, devant les difficultés que soulève cette prétention, pourtant légitime, nous nous résignerions à accepter pour la Crète le régime de la

Bosnie et de l'Herzégovine; de même que le sultan garde sa suzeraineté nominale sur ces deux provinces, dont l'Autriche-Hongrie a l'administration

M. DELYANNIS.

et qu'elle occupe militairement, de même Abd-ul-Hamid resterait le suzerain de la Crète, mais la Grèce serait chargée d'administrer l'île et d'en assurer la pacification.

« Cette solution présenterait pour les puissances

l'avantage de sauvegarder les deux principes de la non-annexion et de l'intégrité de l'empire ottoman énoncés dans leur note. A nous, ministres, elle nous permettrait de donner satisfaction à l'opinion publique, qui sans cela nous obligera à déclarer la guerre. »

Interrogé sur le même sujet, M. Zaïmis, alors président de la Chambre et maintenant président du Conseil, confirme absolument les déclarations de M. Skouzès. M. Delyannis, chef du cabinet, est moins formel dans ses déclarations. Visiblement il souhaite la guerre. Quelle lourde responsabilité il assumera dans l'histoire !

Non moins lourde sera celle de l'*Ethniki hetairia* (Association nationale), qui joua dans cette mésaventure un rôle prépondérant.

L'Ethniki hetairia est un État dans l'État, un pouvoir qui s'impose au roi comme au gouvernement, qui menace et ordonne.

D'abord ce fut un comité très secret, composé d'officiers aventureux, de Macédoniens audacieux, de financiers habiles : on citait les noms de Braiphas, de Papademos, de Takis, de Romanos, boursier et député qui, chargé de l'administration de la caisse, ne parvint jamais à justifier l'emploi des fonds.

A la veille de la guerre, l'association était toute-puissante : elle comptait 1.300 officiers sur 2.000 ; encore secrète dans son organisation intérieure, elle s'affirmait publiquement par de nombreuses brochures et proclamations.

Le roi la redoutait fort et n'osa point protester quand un membre de l'Ethniki hetairia vint lui dire textuellement :

« Sire, tant que vous suivrez le sentiment national et que vous marcherez à la tête de votre peuple, nous resterons à vos côtés, mais le jour où vous n'accepteriez plus de suivre l'impulsion de l'Ethniki, nous serions obligés de vous demander de partir ! » Sous cette poussée de l'*Ethniki hetairia*, l'agitation augmente ; nuit et jour des régiments partent à la frontière avec un entrain endiablé : de tous les points où l'hellénisme a des représentants, arrivent des volontaires ; il en vient d'Alexandrie, de Smyrne, de Salonique, de Philippopolis, de Pyrgos, de Varna.

C'est ainsi que se croisent, dans les rues d'Athènes, des costumes divers du plus pittoresque effet ; et tout ce monde défile, musique et drapeau en tête, accompagné de manifestants en délire patriotique.

La manifestation la plus grandiose a lieu le soir

du départ pour la frontière du 1er régiment, dont le prince royal est le chef.

Tout le long de la rue Kephesia, une foule compacte acclame avec frénésie les soldats qui défilent aux lueurs éclatantes des feux de bengale.

Aux fenêtres et sur les balcons, hommes et femmes agitent des drapeaux en hurlant des chants patriotiques. Et les soldats répondent par des *zitos!* et des salves de coups de fusil.

Le prince royal n'est pas parti avec son régiment; c'est quelques jours après seulement qu'il le rejoindra à Larissa, où il est accompagné par sa femme, la princesse Sophie.

Il était temps, après avoir étudié l'état de l'opinion à Athènes, d'aller se rendre compte de la situation et des dispositions des troupes à la frontière.

C'est le mardi 23 mars que je m'embarque au Pirée pour cette excursion.

Du Pirée à Volo, le voyage est charmant. Après être sorti du golfe d'Égine et avoir doublé le cap Sounion, en saluant au passage les colonnes de marbre du temple d'Athéna, nous pénétrons dans le long canal naturel qui sépare l'Attique de l'île d'Eubée. Les rives, élégantes dans leur aridité, se profilent avec une netteté incomparable sur le ciel azuré. Aucune végétation ne vient amoindrir la précision des lignes et gêner les effets de lumière si prestigieux, quand les rayons du soleil couchant tombent ainsi directement sur le sol dénudé.

Les vertes prairies, les collines boisées, les forêts profondes ont leur charme, fait de douceur et de tranquillité. Les montagnes sévères et rocheuses qui, sans le plus petit brin d'herbe, sans le moindre arbrisseau, s'étendent paresseusement au soleil, baignées par les flots paisibles et bleus de la mer Egée, ont leur beauté particulière qu'on apprend bientôt à aimer.

La traversée, qui dure trente heures, est d'autant moins ennuyeuse que plus de mille volontaires encombrent le pont. Ils arrivent de tous les coins de l'Orient et présentent une variété de costumes du plus pittoresque effet. Et puis la gaieté est exubérante ; rien ne met en joie des volontaires hellènes comme la combinaison de la fièvre patriotique et du petit vin blanc résiné qu'on boit à même des bouteilles énormes au ventre confortable.

Certes, l'ivrognerie n'est point un vice de ce pays : la sobriété est au contraire une des qualités maîtresses de toute la région. Mais, que voulez-vous ? on ne part pas tous les jours en guerre, et il est fort prudent de chanter d'avance les futurs exploits; les balles turques pourraient bien empêcher de les célébrer plus tard.

Quelles délicieuses trouvailles ont les ivrognes! Sur le pont titube un volontaire atrocement gris, toujours en tête à tête avec une bouteille de koniak à laquelle il fait de fréquentes politesses. Je m'approche et tâche de lui faire comprendre qu'il exagère ses rasades et qu'il sera bientôt ivre-mort.

Notre homme tire alors de sa poche une petite fiole d'ammoniaque et me la montre triomphalement; je dus m'incliner devant la sagesse de cet héritier du prudent Ulysse, qui tenait d'une main la liqueur enivrante, et de l'autre le liquide sauveur, et se promenait ainsi, de groupe en groupe, portant ses deux bouteilles : avec une louable ardeur philanthropique, il voulait même ingurgiter de force quelques gouttes d'ammoniaque dans la bouche de ceux qu'il jugeait aussi gris que lui-même. Les uns se laissaient faire, mais les autres résistaient et cela dégénérait en disputes et en bourrades; si bien qu'un officier dut intervenir, paternellement d'ailleurs, pour enlever au volontaire ses instruments de désordre : koniak et ammoniaque.

Plus loin, quelques volontaires dansent, se tenant par la main et formant une sorte de farandole qui avance lentement avec le balancement souple des reins : une musette aux sons fluets et nasillards règle le mouvement.

Là, dans un groupe, un chanteur assis par terre, les jambes croisées, nous fait entendre une chanson klephte, mélopée plaintive, au rythme indéfinis-

VOLO.

sable, aux variations étranges, analogue aux singulières mais plus élémentaires modulations que j'écoutai jadis dans les lointains villages des Rivières du Sud.

Mais voici Chalcis, une petite ville très gaie, qui

s'élève à l'endroit où le chenal se resserre tellement que les deux rives sont reliées par un pont tournant, dominé par le Kastro ou forteresse, dont les murailles crénelées se détachent en blanc intense sur l'horizon bleu.

Bientôt, notre bateau se remet en marche, cependant que, dans la rue, la population manifeste et que, grimpés dans la mâture, nos volontaires agitent leurs chapeaux : encore des *zitos*, des coups de fusil, des cris et des chants et nous perdons rapidement de vue Chalcis et sa blanche forteresse. Le lendemain matin, de très bonne heure, nous entrons dans le majestueux golfe de Volo, formé à l'Ouest par les plaines de Halmyro, à l'Est par la haute presqu'île de Magnésie, et au fond duquel s'élève, superbe et élégant, le mont Pélion, aux flancs couverts de bois et de villages qui paraissent inaccessibles.

Nous ne faisons que traverser Volo : une voiture rapide nous conduit du port à la gare et, trois heures après, nous arrivons à Larissa, la capitale de la Thessalie.

La petite ville de Larissa est très curieuse : elle a gardé l'aspect turc et luit au soleil, lançant vers le ciel clair les pointes aiguës de ses minarets; nous admirons les rives du Pénée, sur lesquelles

LARISSA. — MOSQUÉE ET PONT SUR LE PÉNÉE.

s'étagent de riantes maisons avec de beaux jardins, et le pont, très pittoresque, et la gracieuse mosquée construite à son extrémité.

Vous pensez quelle animation donnait à la ville la présence de dix mille hommes de troupes, l'arrivée continuelle des volontaires, le passage des palikares qui se disposent, disent-ils, à passer la frontière pour soulever une insurrection en Macédoine.

Les hôtels sont encombrés comme les rues, et

j'aurais été dans l'impossibilité de me loger, sans l'amabilité du général Makris, qui me fait le plus bienveillant accueil.

Je lui dis mon désir de partir à la frontière et de visiter les avant-postes : un lieutenant d'artillerie, M. Litzika, s'offre de m'accompagner dans l'excursion projetée, et, comme le général donne la permission, je suis, dès lors, certain de prendre une idée très nette des préparatifs de guerre.

Deux heures après, nous étions en route avec, comme compagnons de voyage, M. de Roujoux, consul de France à Volo, et sa très charmante jeune femme, qui, tous deux, avaient désiré se joindre pendant vingt-quatre heures à notre petite expédition.

Expliquons tout de suite la situation de l'armée grecque dans cette partie de la frontière.

Entre les plaines de la Macédoine et les plaines de la Thessalie s'étend une chaîne de montagnes dont les hauteurs varient entre 1.200 et 1.500 mètres : cette chaîne forme frontière, et les divers sommets sont alternativement grecs et turcs; mais les plus élevés sont turcs.

Pour passer de Macédoine en Thessalie, il y a trois défilés principaux, ceux de Bougazi, où coule la rivière de Xeragis (ancienne Europos), de Gryzovali et de Melouna.

LES PALIKARES.

Dès lors, l'armée grecque est divisée en sections, dont chacune a pour mission de défendre un défilé.

Entre les défilés, à la cime des montagnes, des postes sont placés de proche en proche, chargés de surveiller les mouvements de l'ennemi, de donner l'alarme et de commencer l'attaque au besoin.

Naturellement les Turcs ont été amenés à prendre à peu près les mêmes dispositions, mais avec des troupes d'une supériorité numérique trois fois plus grande. Elassona est, de ce côté, le centre des opérations, et de là rayonne, comme de Tyrnavo (Tournavas) chez les Grecs, le même système de défense; à chaque poste grec s'oppose un poste turc.

La disposition des troupes, telle qu'elle vient d'être décrite, avait été adoptée malgré de vives résistances. Certains officiers — les plus intelligents et les plus audacieux — n'étaient point d'avis d'échelonner ainsi les forces tout le long de la frontière. Ils proposaient, au contraire, de masser toute l'armée sur un point déterminé, en face d'un défilé, et d'envahir brusquement la Macédoine. En prenant une pareille offensive, disaient-ils, nous obligerons les Turcs à se défendre, et ils n'auront point la possibilité de passer à leur tour en Thessalie par d'autres défilés.

Ce plan fut repoussé. On verra plus tard ce que l'autre a coûté à la Grèce.

Quant à l'état des troupes grecques, il paraissait excellent à cette époque : les soldats étaient gais et pleins d'entrain; ils étaient alors bien nourris; à les entendre, ils ne feraient qu'une bouchée des Turcs. Les officiers rivalisaient de faconde et de vantardise. L'un d'eux m'invitait pour « la semaine prochaine » à déjeuner à Elassona; l'autre me retenait pour dîner à Salonique! Belles illusions qui s'évanouirent bien vite aux premiers coups de canon.

Le premier poste que nous visitons est celui de Bougazi, installé à l'entrée du défilé du même nom sur les bords du Xeragis. Après avoir causé longuement avec l'officier grec, et regardé curieusement la joyeuse farandole que forment les soldats dansant sur la verte prairie, nous nous rendons au poste turc qui se trouve à 50 ou 60 mètres de là : nous y recevons excellent accueil et l'officier grec qui nous accompagne est aussi très courtoisement traité. Entre les ennemis de demain, la plus grande cordialité règne, et dans tous les postes, nous avons constaté les relations presque amicales qui

AUTOUR DE KARADJALI.

se sont établies entre les officiers grecs et turcs. Que voulez-vous? on est tout là-haut, très isolé, à 15 ou 20 kilomètres du plus prochain village. Dès lors, les distractions sont rares et le confortable problématique.

LE PALIKARE KARAVELOS.

L'officier grec reçoit-il d'en bas un morceau de choix, une bouteille d'excellent raki, du tabac parfumé, il s'empresse d'inviter son collègue turc à partager sa bonne aubaine, et réciproquement.

De Bougazi, la voiture nous conduit à Karadjali, un assez gros village, tout contre la frontière, au pied de hautes montagnes, dans un très beau site.

Karadjali, ce soir-là, est particulièrement animé, car des manœuvres ont eu lieu dans la journée, et il y a là de l'infanterie, de la cavalerie et des evzones.

Le capitaine Paiko, chef de poste, nous offre l'hospitalité de la façon la plus aimable : nous sommes vingt-quatre à table, le consul de France et sa femme, des officiers de toutes armes, des chefs insurgés, Bellos et Karavelos.

Qu'il me soit permis, à propos de ces derniers, d'ouvrir une courte parenthèse.

Lorsque l'*Ethniki hetairia* poussait à la guerre, elle faisait valoir, comme élément de la victoire certaine, les petites armées irrégulières qu'elle avait, affirmait-elle, équipées et armées à ses frais. Nous avons à la frontière, disaient les chefs de l'Ethniki, plus de 12.000 hommes prêts à entrer en campagne : ce sont des héros, des tireurs redoutables, des gens audacieux qui soulèveront toute la Macédoine!

Ah! nous les avons vus plus tard à l'œuvre, ces héros-là! Jamais ils n'affrontèrent le feu des Turcs, mais on les retrouvait toujours dans les villes au moment des paniques. Pillards éhontés, ils profitaient, avec une merveilleuse habileté, de la terreur des habitants qui abandonnaient leurs maisons, pour tout dévaliser. Aussi les populations de Thessalie les redoutaient-elles plus encore que les Turcs!

Mais revenons à notre dîner; le menu ne laisse rien à désirer : les vins sont excellents et versés en abondance, si bien qu'une franche gaieté ne tarde point à se manifester parmi tous les convives. Au dessert, les toasts commencent : le consul de France débute, les officiers répondent; on boit à la Grèce, à la France, à la presse, à la guerre! Puis, voici l'heure des chansons : la chanson klephte, bizarre et triste, alterne avec la chanson française, alerte et enlevante, et aussi avec des mélodies scandinaves, d'un charme délicieusement mélancolique, que chante avec un goût exquis Mme de Roujoux, blonde et gracieuse Norvégienne.

C'est seulement fort avant dans la nuit qu'on se sépare, et nous allons ensuite dormir par terre, roulés dans nos couvertures : il n'y a pas de lits disponibles à Karadjali.

Le lendemain matin, M. Litzika et moi prenons congé du consul et de sa femme, qui retournent à Volo. Nous autres, nous nous juchons sur les selles monumentales de microscopiques mulets pour aller faire le tour des postes qui dominent tout là-haut les plaines de la Macédoine. D'un poste à l'autre les sentiers paraissent impraticables : mais nos mulets sont surprenants, et ces braves petites bêtes infatigables passent partout avec une merveilleuse adresse, accrochant leurs sabots étroits à la plus petite anfractuosité de la montagne.

Nous traversons, dans cet équipage, le col de Melouna, où évoluent les evzones. Ces soldats montagnards ont les jambes serrées dans des maillots blancs, la taille bien dessinée par la tunique bleue qui recouvre la fustanelle élégante; sur la tête, une sorte de toque rouge; aux pieds la curieuse chaussure à pointe recourbée garnie d'une touffe de laine noire.

Ces hommes-là ont une agilité extraordinaire; ils passent dans des sentiers où seules les chèvres se hasardent, et escaladent une montagne, fusil en main et sac au dos, avec une rapidité vertigineuse.

Nous arrivons pour déjeuner au poste de Tiphil-Vrissis. Je fus frappé, en examinant les evzones, de l'allure distinguée d'un simple soldat, à la physionomie intelligente, à la fine moustache brune, portant l'uniforme avec élégance.

— Quel est donc ce soldat? dis-je aux officiers; il a l'air bien intelligent.

— Ah! me répondit-on avec un peu d'embarras, c'est un jeune avocat, un réserviste qui vient de nous arriver; d'ailleurs il a fait ses études à Paris. Voulez-vous que nous vous le présentions?

Bien entendu j'accepte, et les présentations sont faites.

UN POSTE D'EVZONES.

— Si vous voulez, me dit un officier, le réserviste déjeunera à notre table.

— Comment donc! cela me fera plaisir.

Et nous voilà installés autour d'un frugal repas. J'étais fort intrigué par l'aisance du jeune soldat, que la présence de ses chefs ne semblait nullement intimider. A certain moment, l'ordonnance qui nous servait lui présente le plat le premier.

Cela m'étonne. Quelques minutes après arrive un evzone porteur d'un message. On l'introduit, et il se dirige immédiatemen. vers mon extraordinaire soldat en lui présentant la lettre avec le salut militaire. Je remarque de nouveau autour de la table une nuance d'embarras, et un des officiers saisit la lettre au passage, tandis que le soldat plonge la tête dans son assiette.

Décidément il y avait quelque chose ! Enfin, en sortant de table je vais me promener un instant pour voir le paysage, et quand je reviens, caché par un rideau d'arbres, j'aperçois le soldat en question causant avec des camarades : mais ceux-ci étaient au port d'armes et l'écoutaient respectueusement.

Je fis semblant de n'avoir rien vu ; mais quand nous eûmes quitté le poste, j'entamai la conversation avec mon guide, le lieutenant Litzika.

— Parbleu ! mon cher, lui dis-je, le soldat que vous m'avez présenté me paraît être un garçon d'avenir.

— Vous croyez? dit Litzika, qui me regarde avec étonnement.

— J'en suis certain, répliquai-je, et, sans être sorcier, je vous affirme qu'avant peu il aura trois galons sur la manche.

— Voyons, soyez franc, répond Litzika, et cessez vos énigmes.

— Ma foi, mon cher ami, fis-je en riant, je vois bien qu'on a joué une petite comédie devant moi.

Mon interlocuteur alors me prend par le bras.

— Ecoutez, dit-il, je vais tout vous expliquer, mais donnez-moi votre parole d'honneur de garder le secret jusqu'à la déclaration de guerre ?

— Entendu !

— Eh bien, vous avez deviné : le soldat que vous avez remarqué n'est ni avocat ni réserviste : c'est un capitaine d'artillerie ! La semaine dernière, pendant une nuit obscure, nous avons monté, à dos de mulet, six pièces de canon qui sont enterrées à Tiphil-Vrissis. Et pour ne pas donner l'éveil au poste turc voisin du nôtre, le capitaine qui commande la batterie s'est habillé en simple soldat avec un uniforme d'evzone : tous les artilleurs ont fait de même. A la première alerte, les Turcs, qui croient avoir cinquante fusils en face d'eux, se trouveront nez à nez avec six canons : la surprise pourra leur être désagréable !

On verra plus tard que le stratagème réussit : le poste de Tiphil-Vrissis resta maître de la position, alors que presque partout les Turcs triomphèrent sans grande résistance.

Deux jours nous suffisent pour terminer notre tournée, et nous rentrons à Larissa, très documentés sur la situation et l'état moral de l'armée grecque, à la veille des hostilités.

Il nous reste à faire la même enquête en passant quelques jours de l'autre côté de la frontière.

VUE DE VALESTINO.

USKUB.

CHAPITRE II

En Bulgarie et en Macédoine. — Préparatifs des Turcs.

Sur quels appuis les Grecs pouvaient-ils compter pour la formidable lutte qu'ils allaient soutenir? C'est la question qu'il me paraît intéressant de résoudre, en allant me renseigner sur place, sans tenir compte des racontars de la place de la Constitution. A entendre les Athéniens, les Balkans devaient se soulever au premier coup de canon. Bulgares, Serbes, Macédoniens, n'attendaient qu'un signal pour secouer le joug du sultan!

Après quelques heures passées à Sofia, j'étais fixé sur les intentions des Bulgares.

Les Grecs n'ont d'ailleurs pas même pris la précaution de s'informer de l'état d'esprit du comité macédonien. Et la fameuse *Ethniki hetairia,* qui annonçait tant de troubles en Macédoine, n'a pas daigné consulter l'élément bulgare, pourtant si puissant, sur le point de savoir si des secours seraient accordés à la cause hellénique.

Aussi personne à Sofia ne semble disposé à agir en faveur des Grecs. Cela m'est affirmé par des hommes appartenant à tous les partis : gouvernementaux, démocrates, libéraux et socialistes sont d'accord pour déclarer inopportune toute intervention de la Bulgarie dans le conflit prochain.

M. de Petiteville, ministre de France à Sofia, confirme absolument ces renseignements, et les événements ont depuis prouvé que les Hellènes ne devaient compter que sur eux-mêmes.

Et cela se comprend ! les revendications helléniques en Macédoine sont absolument en contradiction avec les réclamations du comité macédonien bulgare. Les Grecs demandent le démembrement de la Macédoine et l'annexion d'une partie de cette province. Les Bulgares, qui ont la prétention d'être les plus nombreux en Macédoine, veulent, au contraire, l'autonomie.

Voici, du reste, un document fort important qui résume, de façon très nette, les visées politiques de la Bulgarie en ce qui concerne la Macédoine. C'est, pour ainsi dire, le programme d'action du comité macédonien de Sofia.

Le document est ainsi intitulé :

NOTICE SUR LES RÉFORMES A INTRODUIRE EN MACÉDOINE POUR ARRIVER A LA PACIFICATION DE LA POPULATION CHRÉTIENNE RÉVOLTÉE.

Article premier. — Formation d'un seul vilayet, chef-lieu Salonique, contenant les vilayets déjà existants de Salonique, Monastir et Uskub, dans les limites ci-dessous indiquées :

Au nord, la frontière serbe près Vrania ; au nord-ouest, les limites des kazas de Prechova, Kaimanova, Katchanik et Tetovo, les sommets de Lioubo et sur la crête de Char arrivant à Korab, point culminant des montagnes Dechat. De Korab, les limites couperaient la vallée de la Velechtitza, près du village Radomir, jusqu'à l'embouchure de la même rivière dans le Drin noir. De ce point, la ligne suivra le thalweg du Drin jusqu'au village Nolret, et de là, touchant la ligne occidentale des kazas d'Okhrida et de Goritza, au sommet du Grammos, pour prendre la ligne séparative des kazas de Kastoria, Kailari, Vodena et Karaferia, jusqu'au point d'intersection de cette ligne par le fleuve de Bistritza; de ce point elle continuera le courant de l'eau jusqu'à l'Archipel, pour faire un tour sur les rives de la mer, en englobant la Chalcidique jusqu'à l'embouchure du Kara-Sou. De là, la frontière du vilayet continuera la même rivière jusqu'au torrent, près du village Rodibok, pour suivre ce dernier cours d'eau jusqu'à la frontière de l'ex-Roumélie Orientale, d'où elle prendra les frontières des principautés de Bulgarie et du royaume de Serbie.

ART. 2. — Nomination au poste de gouverneur général (vali), pour une période de cinq ans, d'une personne juste et tolérante appartenant à la *nationalité prédominante dans le vilayet.*

ART. 3. — Le vali administrera le vilayet, aidé d'une assemblée générale des représentants élus directement par le peuple lui-même, tout en garantissant les droits des minorités.

Cette assemblée aura à se prononcer sur toutes les questions touchant l'administration intérieure du vilayet.

ART. 4. — Garantie efficace et suffisante de la liberté personnelle et de l'inviolabilité du domicile pour tous les habitants du vilayet, sans distinction. Suppression de la censure sur la presse.

Art. 5. — Nomination de tous les fonctionnaires pris au sein de la population prédominante au lieu de leurs services. Les fonctionnaires supérieurs seront nommés par le sultan, sur la proposition du vali ; les fonctionnaires inférieurs seront nommés par le vali directement.

Art. 6. — Admission des principales langues du vilayet, à l'égal de la langue turque, dans toutes les institutions du vilayet, en laissant aux unités administratives le libre choix d'employer, dans leurs relations officielles, une de ces langues quelconque.

Art. 7. — Organisation de l'instruction publique par chaque communauté (nationale ou religieuse) séparément.

Art. 8. — Création, pour le maintien de l'ordre et de la tranquillité du vilayet, d'un corps de milice formé par le recrutement général directement soumis au vali. L'ensemble de cette milice sera formé proportionnellement au nombre des habitants de diverses nationalités ; un pour cent sur le total de la population. Les officiers supérieurs seront nommés par le sultan, les inférieurs par le vali directement.

Art. 9. — Fixation d'un budget et organisation

des finances du vilayet par l'Assemblée générale. 25 p. 0/0 des revenus seront versés à la caisse commune de l'État. Le reste sera employé pour les besoins locaux.

Art. 10. — Nomination immédiate par le vali d'une commission *ad hoc*, où les populations indigènes seront largement représentées, pour élaborer les détails des réformes à accomplir.

Art. 11. — Amnistie générale pour tous les détenus politiques et émigrés.

Art. 12. — Introduction des mêmes réformes dans le vilayet d'Andrinople.

Nous avons tenu à reproduire en entier ce document, qui ne peut manquer d'intéresser vivement tous ceux qui suivent avec attention les différentes phases de la question d'Orient. Il est clair que l'autonomie réclamée par les patriotes bulgares n'est qu'une annexion dissimulée, car ils ont la conviction que la nationalité prédominante est la nationalité bulgare, que, par conséquent, le vali serait un Bulgare. Le sort de la Macédoine ainsi organisée ne manquerait point de devenir, à bref délai, celui de la Roumélie Orientale. Mais il est aussi fort curieux de trouver dans le document en question des préoccupations libérales qui démontrent que, bientôt, aux querelles de nationalités se mêleront dans les Balkans des revendications politiques.

Certes, cela ne sera pas fait pour simplifier les choses ! Mais à l'heure où la Bulgarie donne des signes manifestes de son impatience, il est important de noter que, à côté des questions de religion et de nationalité, se dressent déjà des problèmes d'un autre ordre.

Que le lecteur nous excuse d'avoir interrompu le récit de notre voyage, par d'aussi longues digressions. Elles étaient indispensables pour expliquer comment les Grecs furent ainsi abandonnés par ceux-là mêmes qui semblaient, en apparence, les plus intéressés à ne pas laisser grandir la puissance du sultan.

Dans le train qui m'emporte vers Salonique, j'ai la bonne fortune de lier conversation avec le consul serbe d'Uskub et j'acquiers la conviction que les Serbes, comme les Bulgares, se disposent à suivre, en simples observateurs, les événements qui se préparent.

Comme les Bulgares, les Serbes ont la prétention d'obtenir un jour la prédominance en Macédoine.

Mais ils veulent déjà se débarrasser de l'influence hellénique, et, visiblement, ils souhaitent la défaite de la Grèce.

Après, on verra !

Cela veut-il dire que les Serbes avaient une sympathie quelconque pour le sultan ? Point !

Mais, à leur avis, les progrès de l'hellénisme ne pouvaient qu'entraver l'alliance qui devait être faite contre les Turcs par les Monténégrins, les Bulgares et les Serbes.

Longuement le consul d'Uskub développe les idées qui lui sont chères, et je l'écoute, comme on pense, avec un vif intérêt. N'est-il pas presque impossible, à moins d'être ainsi sur place mis au courant de ces questions si compliquées, de comprendre tous les conflits de races et de religions qui agitent sans cesse les États balkaniques ?

De Nich à Salonique, le trajet est long et pénible, surtout en cette période où les trains de voyageurs sont continuellement arrêtés par le passage des trains militaires qui viennent de tous côtés.

A Zibetche, frontière turque, nous sentons immédiatement que nous pénétrons dans un pays où la police est un des rouages les plus importants du système gouvernemental : derrière la politesse obséquieuse, on découvre trop vite la surveillance dont on est l'objet.

Un commissaire de police, après force salutations et compliments, tient absolument à monter dans

EMBARQUEMENT DES BACHI-BOUZOUKS.

mon compartiment pour m'éviter, dit-il, tout désagrément.

Je lui exprime ma reconnaissance, sans lui cacher toutefois mon désir de voyager seul, et le digne homme se contente alors du compartiment voisin.

Et maintenant, jusqu'à Salonique, nous allons trouver à chaque station des bandes de bachi-bouzouks qui partent pour la frontière.

Ces gens-là sont vêtus de costumes extraordinaires, de loques bigarrées, avec sur le dos ou à la main des paquets de toutes formes et de toute nature.

Ce sont de vrais sauvages qui se bousculent, se battent, s'écrasent pour pénétrer dans les wagons, où ils s'empilent les uns sur les autres.

A Ramanavo, le spectacle est particulièrement curieux; sur le quai de la petite gare, la foule des parents et des amis venus pour assister au départ pousse des cris, agite les bras, tire des coups de fusil, tandis qu'un orchestre étrange composé de quatre grosses caisses et de trois fifres fait un épouvantable charivari. Et le train s'ébranle au milieu de tout ce vacarme, tandis que flotte, à la portière d'un wagon, le drapeau rouge orné du croissant.

Les bachi-bouzouks sont dirigés vers Uskub pour être équipés et armés : de là ils iront à Elassona, en traversant Monastir, la pittoresque petite ville macédonienne.

A Uskub, tandis que je regarde le gracieux panorama que j'ai sous les yeux et que j'assiste à la bruyante sortie des bachi-bouzouks qui s'éloignent, drapeau en tête, je suis abordé respectueusement par trois personnages qui me saluent très bas en déclinant leurs titres : ce sont le directeur de l'instruction publique du vilayet, le chef de la police et le chef de la municipalité.

A ma grande stupéfaction, ils me disent que le gouverneur général, prévenu par télégramme du passage d'un journaliste français, les a envoyés pour me souhaiter la bienvenue.

Je charge ces estimables personnages de remercier Son Excellence et je veux remonter en wagon, mais la cérémonie n'est point terminée; au buffet, une collation est préparée, et je dois subir en outre quelques toasts bien sentis ; puis on me reconduit cérémonieusement à mon compartiment où je trouve un volumineux paquet de tabac que ces messieurs me prient d'accepter.

Visiblement, on veut me prouver que la civilisation musulmane vaut mieux que sa réputation. Et les prévenances ne me manqueront jamais, tant que je serai sur le territoire turc.

DÉFILÉ DES TROUPES TURQUES À SALONIQUE.

A Salonique, où j'arrive le soir, après avoir suivi les rives souriantes du Vardar, sur les bords duquel s'étagent de gracieuses petites villes, je trouve encore un haut policier, prévenu par dépêche et chargé de me procurer une voiture et de me faire conduire à l'hôtel.

Salonique, la grande ville commerciale, mouvementée et grouillante, est extraordinairement calme, malgré le passage continuel des troupes qui partent à la frontière. Pas un cri, pas un chant, aucun désordre dans ces rues où défilent des régiments disciplinés.

De temps en temps, il y a bien quelques paniques : beaucoup de Grecs redoutent les représailles des musulmans, au cas où la ville serait bombardée par la flotte hellénique.

Crainte bien inutile : le prince Georges ne songea jamais à prendre l'offensive. Il est pourtant certain, — les gens les plus compétents le proclamaient hautement, — qu'au début des hostilités, le golfe de Salonique n'était point suffisamment défendu et que les cuirassés grecs pouvaient faire le siège de la ville, brûler les gares, faire sauter certains travaux d'art de la ligne et retarder considérablement la mobilisation. Mais la flotte n'est pas sortie de Chalcis : les eaux sont si tranquilles et le climat si enchanteur ! Aussi les Turcs purent-ils paisiblement, sans jamais être troublés, faire passer par Salonique les milliers de soldats qui allaient, chaque jour, rendre plus formidables les forces accumulées à la frontière de Thessalie et en Épire.

Et, devant cette activité fiévreuse, il n'était point difficile de prévoir l'écrasement dont la Grèce allait être victime.

A peine quarante mille hommes gardent les défilés du côté de Larissa ! Et voilà qu'on envoie contre eux près de deux cent mille soldats, bien entraînés, fanatiques, avides d'envahir des contrées fertiles, impatients de pillages et de rapines.

Et sur le pont du bateau qui devait me ramener à Volo, je contemplai, mélancoliquement, le drapeau du Prophète flottant sur la Tour Blanche. Sans doute, je le retrouverai bientôt triomphant dans les plaines de Thessalie.

Pauvre Grèce ! que de désastres, que d'humiliations se préparent ici pour toi !

TOUR BLANCHE À SALONIQUE.

TROISIÈME PARTIE

LA GUERRE.

CHAPITRE I

Les hostilités commencent. — Premières batailles. — La bataille de Mati. — La débâcle de Tyrnavo. — Abandon de Larissa.

C'est le 17 avril que furent rompues officiellement les relations diplomatiques entre la Turquie et la Grèce. Le prince Mavrocordato en reçut notification à Constantinople, et les écussons furent aussitôt enlevés de la légation de Grèce.

A la même heure, à Athènes, Assim-Bey remettait à M. Skouzès, ministre des affaires étrangères, la note suivante :

« Par suite de l'attitude agressive de la Grèce, les relations diplomatiques sont rompues entre les deux pays. »

Quelques jours auparavant, le gouvernement ottoman avait adressé aux grandes puissances une déclaration dont nous détachons les passages suivants :

« Par la réserve dont il n'a cessé de faire preuve et l'attitude patiente qu'il a observée, malgré son droit évident de se défendre, le gouvernement impérial a prouvé au monde entier combien il avait à cœur le maintien de la paix.

« Néanmoins, des troupes régulières helléniques, en nombre considérable, avec des canons, ont franchi la frontière et ouvert les hostilités, qui continuent encore.

« En présence de ces attaques, le gouvernement impérial s'est vu dans l'obligation de donner au commandant en chef de ses troupes l'ordre formel d'aviser à toutes les mesures militaires propres à assurer la défense de ses droits et de son territoire contre les empiétements des Hellènes.

« Vous savez que, soit dans la question crétoise, soit dans les événements qui en ont été la conséquence, le gouvernement impérial a fait, jusqu'au dernier moment, tout ce qui dépendait de lui pour le maintien de la paix et ne s'est jamais écarté des vues et dispositions pacifiques manifestées, en cette occasion, par les grandes puissances.

« Mais, au mépris du droit international, la Grèce, après avoir expédié les troupes en Crète et fait de grands préparatifs militaires sur la frontière, ayant commencé les hostilités, le gouvernement impérial ne pouvait faire autrement que d'appeler sous les armes une grande partie de ses rédifs, en s'imposant de très lourds sacrifices pour leur mobilisation et en portant une grave atteinte à son agriculture et à son commerce. Aussi avons-nous la ferme conviction qu'eu égard aux considérations qui précèdent, les cabinets européens voudront bien reconnaître, dans leurs sentiments de justice, que toute la responsabilité de la guerre doit exclusivement retomber sur la Grèce.

« Comme je vous l'ai répété à maintes reprises, le gouvernement impérial ne nourrit aucune idée de conquête contre la Grèce, et s'il est aujourd'hui dans l'obligation d'accepter la guerre, se trouvant dans le cas de légitime défense par suite des hostilités ouvertes par les Hellènes, c'est simplement pour la sauvegarde de ses droits les plus sacrés et de son intégrité.

« Si dans un bref délai le gouvernement hellénique retire ses troupes de la Crète et des frontières, le gouvernement impérial, pour donner au monde une nouvelle preuve de ses intentions pacifiques, ne manquera pas, de son côté, d'arrêter ses mouvements militaires. »

Par cette note, le gouvernement ottoman entendait, comme on le voit, rendre la Grèce responsable du conflit. M. Skouzès riposta par un document où il voulut prouver aux grandes puissances que les Turcs furent les agresseurs.

« En voulant faire peser sur la Grèce, disait le ministre, la responsabilité de la rupture, le gouvernement impérial semble perdre de vue que la Grèce, loin de procéder à des actes d'hostilité contre la Turquie, a eu au contraire à subir, ces jours derniers, sur plusieurs points de la ligne frontière, les agressions répétées de l'armée turque, à la suite du conflit armé qui s'est produit dans la journée du 28 mars (9 avril) sur le point Prophète-Elie. »

La vérité, c'est que des incidents de frontière se multipliaient depuis plusieurs semaines, et qu'il est impossible de dire lequel des belligérants tira le premier coup de fusil.

COMBAT DE PROPHÈTE-ÉLIE.

Des bandes d'irréguliers grecs avaient franchi la frontière du côté de Kalabaka, sous les ordres de Gousios et l'étendard portant l'inscription : « *In hoc signo vinces* », avait été béni par les moines d'un monastère voisin. Aussitôt, les Turcs attaquèrent simultanément les insurgés et les troupes régulières des postes. Le chef du poste de Prophète-Elie fut blessé, et une vive fusillade éclata brusquement, tandis que, de Kalabaka, partait un bataillon d'evzones.

Le combat fut, d'ailleurs, de courte durée, mais il suffit à envenimer d'irrémédiable façon les choses. Edhem-Pacha, général en chef de l'armée de Thessalie, télégraphia aussitôt à Constantinople pour demander des instructions.

La réponse ne se fit pas longtemps attendre, et, le 17 avril, un engagement sérieux eut lieu à Nezero.

La journée avait commencé, sur ce point, par une tentative des Turcs, qui voulaient occuper une partie du territoire contesté, d'Analipsis, du côté sud du mont Olympe. Ce territoire se compose d'une ligne de petites collines escarpées du côté du lac Nezero et séparées de l'Olympe par un profond ravin ; la plus élevée de ces collines porte le nom de mont Annonciation. Les Grecs s'en sont toujours considérés comme les maîtres; mais les Turcs n'ont jamais voulu admettre cette prétention.

Une troupe de soldats turcs, quittant Analipsis, se dirigea vers le mont Annonciation; les sentinelles grecques leur ordonnèrent de s'arrêter, mais les Turcs firent feu. Les evzones, dont l'un avait été blessé, ripostèrent et forcèrent les Turcs à repasser la frontière, après avoir fait cinq prisonniers. Le lendemain, ayant reçu des renforts, les Grecs reprirent le feu avec des canons apportés dans la nuit et firent sauter le poste de Krotoni. C'est à la suite de ces incidents que la guerre fut officiellement déclarée. Et le 18, dans la soirée, la fusillade éclata sur toute la ligne de frontières. Au col de Mélouna, surtout, le combat s'engage avec une violence inouïe, car Albanais et evzones sont aux prises, et ce sont de rudes soldats. Les premiers sont d'une bravoure folle, d'une intrépidité farouche : les seconds ont une surprenante agilité et tirent avec une merveilleuse précision. Deux régiments albanais s'emparent, après une lutte acharnée, d'une position grecque, et poursuivent l'ennemi jusque sur les contreforts d'une montagne, tout près de la plaine, malgré les ordres des officiers impuissants à retenir un tel élan. Ils restent sur leur position, déclarant qu'un soldat turc ne bat pas en retraite. Oh! oui, merveilleux soldats, mais aussi indisciplinés qu'ardents à la bataille. Plus tard ils deviendront très embarrassants pour Edhem-Pacha, car, emportés par leur instinct et leurs passions barbares, ils dévastent, pillent, brûlent tout sur leur passage.

EDHEM-PACHA.

Lorsque l'armistice fut signé, on dut les éloigner immédiatement, car il était impossible de les retenir.

Cependant la bataille continue : les deux blockhaus qui sont sur une crête voisine du col sont le centre de l'action : les Turcs font des efforts inouïs et leur artillerie fait merveille. Les Grecs résistent avec opiniâtreté.

Et la nuit tombe sans que la situation se soit

beaucoup modifiée : pourtant des cadavres sont couchés sur les flancs des collines, et, tandis que les coups de feu deviennent de plus en plus rares dans l'obscurité croissante, on entend, de loin en loin, les cris d'appel d'un blessé, les gémissements d'un agonisant.

Oh ! la lamentable tristesse des soirs de bataille, le calme écrasant de la nature en sommeil après les sauvages tueries d'une journée sanglante !

La fusillade recommence avec le jour : du côté de Tiphil-Vrissis les Grecs sont victorieux, et le stratagème dont j'ai précédemment parlé a complètement réussi.

Mais à Melouna même, les Turcs prennent l'avantage. La veille au soir, un des officiers les plus populaires de l'armée ottomane, Junes-Effendi, avait occupé, à la pointe de la baïonnette, une colline, aux cris de : « Qui aime Dieu me suive ! » Il s'y fortifia pendant la nuit. Sept bataillons et des batteries de renfort étaient arrivés, entre temps, d'Elassona.

A l'aube on commença à canonner les régiments grecs, et trois batteries furent mises en position devant le dernier blockhaus occupé par un bataillon grec qui formait l'arrière-garde.

Les Hellènes résistèrent six heures avec un

grand courage; mais à une heure le général de division Hairi-Pacha donna l'ordre de l'assaut, et les Turcs franchirent les ouvrages en terre d'un élan forcené.

Au blockhaus ils ne rencontrèrent d'ailleurs pas une résistance considérable, car les défenseurs étaient épuisés de fatigue, et beaucoup se rendirent.

A la vue de la plaine s'étendant à leurs pieds et de Tyrnavo déployant ses maisons blanches sur les rives du fleuve Europe, les Turcs se mirent à chanter et à danser : le soir ils couchaient dans les tentes des Grecs abandonnées au pied du versant thessalien du col de Melouna.

Le poste de Menexe, plusieurs fois pris et repris à tour de rôle par les Turcs et les Grecs, finissait par rester aux mains des premiers.

Au mont Kritiri la lutte continue, car les Grecs sont défendus par des ouvrages en terre très solides; mais leur position est critique : les Turcs s'avancent à gauche et à droite, et peuvent bientôt les cerner.

A Grysovali, le colonel Mastrapa, commandant l'artillerie, interprétant mal, dit-on, un ordre reçu, battait en retraite sans avoir combattu et se retirait sur Mati, poursuivi par les Turcs, qui tuèren peu de monde, mais firent deux ou trois cents prisonniers.

Par contre, Smolenski à Reveni et Dimopoulo à Boughazi faisaient plus qu'opposer une résistance opiniâtre : ils finissaient par prendre l'offensive et par menacer Damasi.

Si bien qu'à Constantinople on prit peur, on trouva que les défilés de Thessalie n'étaient point assez vite abandonnés, et, pour donner satisfaction à l'opinion publique, le sultan fit appel au héros de Plevna, au ghazi Osman-Pacha, qui, d'ailleurs, n'alla guère plus loin que Salonique.

A Athènes, la joie est débordante ; on oublie volontiers les défaites de Melouna et de Grysovali, pour célébrer les hauts faits d'armes de Raveni et de Boughazi.

Pourtant, hélas ! les désastres, les déroutes, les paniques, allaient se précipiter.

En vain le général Smolenski faisait d'héroïques efforts vers la gauche ; l'abandon du passage de Grysovali par le colonel Mastrapa devait avoir de désastreuses conséquences, car le col de Melouna était complètement libre, et, par cette brèche, l'armée turque tout entière pouvait passer et envahir la Thessalie par la droite.

Nous sommes au 23 avril, et le centre de l'ar-

BATAILLE DE MATI.

mée grecque occupe Mati. C'est là que va éclater la bataille décisive !

A une heure les Turcs commencent le feu et ren-

SOLDATS ALBANAIS.

contrent chez les Grecs, commandés par Mastrapa, une courageuse résistance.

A certain moment, vers 5 heures du soir, nous crûmes bien que l'avantage allait rester aux troupes hellènes.

Mais, tout à coup, on vit vers la droite s'avancer rapidement des bataillons turcs de renfort, dont les hommes reposés et pleins d'entrain avaient une supériorité écrasante sur les soldats grecs complètement exténués.

Vers 6 heures et demie, ceux-ci lâchent pied, et la retraite s'opère vers Tyrnavo, où nous arrivons vers 8 heures du soir.

Avec surprise nous constatons que la plupart des maisons sont déjà abandonnées dans les rues, nous rencontrons quantité de voitures, des canons, des munitions, et tous ces véhicules se dirigent vers Larissa.

Cela nous étonne d'autant plus que, d'après l'assurance qu'on nous avait donnée, la bataille devait reprendre le lendemain matin et qu'on devait faire un suprême effort pour défendre Tyrnavo.

Mais le prince héritier commençait à inaugurer son système de retraite perpétuelle : il avait donné l'ordre d'évacuer la ville et de se replier sur Larissa.

Dès lors, il nous reste à trouver le moyen de regagner, nous aussi, la capitale de la Thessalie ; tant bien que mal nous parvenons à louer fort cher un maigre mulet, et nous voilà sur la route de Larissa, encombrée et lugubre.

Aux alentours, des villages sont en feu, et les lueurs rougeâtres de l'incendie éclairent le troupeau lamentable de soldats de toutes armes confondus avec des hommes en loques, des femmes, des enfants.

Les caissons, les pièces d'artillerie, sont pêle-mêle avec des chariots où sont entassés des meubles, des matelas, des paquets de toute sorte.

OSMAN-PACHA.

Pourtant le calme était relatif : on avançait lentement, mais sans trop de désordre.

Soudain, à la jonction des routes de Tyrnavo et de Boughazi, une masse d'hommes se précipite et vient jeter la perturbation dans la retraite; le tumulte grandit : on entend des cris de colère, des disputes, des menaces.

Les officiers qui sont là paraissent impuissants à établir une discipline quelconque; on les accuse déjà de trahison, et beaucoup de soldats les injurient. Tout à coup un grand bruit s'élève derrière nous et un cri formidable éclate : « Voilà les Turcs ! »

L'effet fut instantané.

Soldats, paysans, femmes et enfants se précipitent en avant dans une effroyable mêlée ; des chevaux s'emportent, des véhicules sont renversés, abandonnés, brisés, et barrent la route. La foule, aveugle et brutale, est en proie à une terreur folle. Sans qu'on sache pourquoi, des coups de fusil éclatent soudain, et des balles sifflent à nos oreilles. Le désarroi augmente, et c'est bientôt une course insensée à travers les terres labourées. Enfin, après une demi-heure de fusillade dans cette nuit sombre, où dans le lointain crépitent encore les flammes des incendies, les coups de feu deviennent plus rares et nous revenons vers la route. Hélas ! elle est encombrée de cadavres contre lesquels on trébuche à chaque pas. On se heurte à des blessés, à des agonisants qui gémissent ; on se cogne contre des munitions abandonnées, des caisses, des vieux lits, des paquets de vêtements, des chevaux embarrassés dans leurs traits.

Les fuyards se battent entre eux ; ceux qui sont à cheval ont à se défendre contre les piétons qui veulent prendre leurs montures. Quelques officiers

DÉBÂCLE DE TYRNAVO

essayent d'être énergiques et réclament le calme; mais la plupart ont perdu la tête et sont hors d'état de prendre une autorité quelconque sur ces bandes indisciplinées.

Enfin nous voilà au pont de Larissa, plus encombré encore que la route; il faut des heures et des heures pour le traverser.

LE GÉNÉRAL SMOLENSKI.

Heureusement le jour qui se lève met fin peu à peu à cette effroyable panique, et nous pénétrons dans la ville, où la nuit, nous dit-on, avait été aussi fort mouvementée.

Les rues étaient remplies de soldats de toutes armes dans une confusion inextricable, qui finissaient par tomber d'épuisement, sourds à tous les ordres des officiers. Vers 2 heures du matin les habitants avaient aussi pris peur et s'étaient répandus dans les rues avec des cris de frayeur.

Tant à Larissa que sur la route de Tyrnavo, on peut estimer à 500 ou 600 les victimes de cette panique.

Ce n'était, hélas ! pas la dernière.

Larissa pouvait être défendue de longs jours. Le pont sur le Pénée une fois coupé, les Grecs pouvaient supporter un siège dans la ville, défendue par des forts qui dominaient la plaine et sur lesquels étaient installés des canons de gros calibre. En tout cas, la résistance pouvait durer suffisamment pour donner à la population le temps d'émigrer paisiblement, pour permettre aux services d'ambulance d'évacuer les blessés sur Volo, pour enlever la plus grosse partie des munitions et des approvisionnements de toute nature. Le diadoque eut une autre conception de son devoir! Nous n'avons pas ici à sonder cette conscience et à rechercher les mobiles d'une retraite précipitée, sévèrement jugée par tous les témoins de cette douloureuse campagne.

C'est le 24 au matin, vers quatre heures, que le prince héritier donna l'ordre de la retraite, et que l'abandon de la place forte fut décidé. Aussi-

ENTRÉE DES TURCS À LARISSA.

tôt que cette décision est connue, la population s'affole et se précipite vers la gare pour envahir les trains en partance. A cinq heures, un train rempli de femmes, d'enfants, de blessés est sous vapeur : le signal du départ va être donné, quand un nuage de poussière apparaît sur la route. C'est le diadoque qui arrive avec son état-major, ses valets et ses chevaux.

Une scène inouïe se produit alors. Brutalement des officiers font descendre du train les malheureux qui y sont empilés. A leur place on installe le prince Constantin, sa suite et ses chevaux ! Un coup de sifflet, et la locomotive est en marche, entraînant vers Volo le chef de l'armée.

Toute la matinée, des scènes de même nature se produisent et portent au comble l'exaspération de la population. A 11 heures, un autre train où sont des femmes est encore sur le point de s'ébranler, quand arrivent des officiers retardataires qui brutalement font évacuer les wagons pour y prendre place.

Alors, sur le quai de la gare, des cris menaçants se font entendre. Il y a là des volontaires italiens qui invectivent les officiers grecs, et quand le train se met en marche, une salve de coups de fusils éclate, et les balles viennent cribler les compartiments des fuyards dont plusieurs sont blessés.

Enfin, vers midi, il ne reste plus un seul soldat à Larissa. Toutes les troupes sont parties, abandonnant de la poudre, des canons, des vivres, tout le matériel de la Croix-Rouge et une population terrorisée.

Les Turcs ne voulaient pas croire à cette inexplicable retraite, et c'est seulement trente-six heures après qu'ils firent leur entrée dans la capitale de la Thessalie.

Edhem-Pacha faisait part à tout son entourage de sa surprise : le général turc ne pouvait comprendre qu'on lui livrât ainsi la Thessalie sans coup férir.

SCÈNE À VOLO.

CHAPITRE II

Bataille de Velestino. — Paniques à Volo.

A L'HEURE où nous sommes, toute la partie ouest de la Thessalie est occupée par les Turcs. Kalabaka, Trikala ont été prises sans difficulté.

Le gros de l'armée grecque, sous les ordres du diadoque, s'est retiré à Pharsale, tandis que vingt mille hommes environ, commandés par Smolenski, sont campés dans les défilés de Velestino pour essayer de défendre Volo.

C'est dans cette dernière ville que nous nous sommes réfugiés après les désolantes journées de Tyrnavo de Larissa.

Nous y retrouvons un peu de tranquillité relative. Dans le port sont mouillés des cuirassés français, italiens, autrichiens, et aussi une partie de l'escadre grecque. Voici l'*Hydra*, que nous n'avions plus revu depuis notre départ de la Canée.

Nous apprenons ici les événements qui se sont produits à Athènes, le renversement du ministère Delyannis remplacé par le cabinet Ralli : nous entendons l'écho des violentes polémiques qui se sont élevées à propos de l'*Ethniki hetairia*, la fameuse ligue nationale autrefois tant prônée, qui est maintenant devenue le bouc émissaire de toutes les fautes et de toutes les défaillances.

N'est-il pas certain, en effet, que cette société contribua à échauffer les esprits et à rendre la guerre inévitable ? Chaque jour les organes de cette ligue insistaient pour l'entrée immédiate en campagne. Et quand de rares personnes clairvoyantes faisaient des objections et recommandaient la prudence, les membres de l'*Ethniki hetairia*, avec leur jactance coutumière, prétendaient que les mesures prises par la Société suffiraient seules à assurer la victoire.

A les entendre, au premier signal, la Macédoine et l'Epire devaient se soulever et prendre parti pour la Grèce ; les îles de l'Archipel n'attendaient que les premières hostilités pour imiter cet exemple ; à Salonique et à Smyrne, les Grecs devaient fomenter l'émeute, et à Constantinople même, 80.000 Hellènes, armés de fusils Gras, étaient prêts à marcher sur Yildiz-Kiosk et à faire prisonnier le sultan.

Dès maintenant nous pouvons apprécier la valeur de toutes ces rodomontades. M. Delyannis, tombé du pouvoir, est le premier à les dénoncer à l'opinion publique. Il dit avoir la preuve de l'action néfaste de l'*Ethniki hetairia*.

Fort bien ! Mais n'est-ce pas quand il était président du conseil qu'il devait protester contre la pression de la Société nationale, au lieu de la subir pour récriminer ensuite ?

Voilà ce qu'on dit à Volo, où pourtant, malgré les désastres déjà subis, les Grecs n'ont rien perdu de leur belle assurance : à les entendre, Smolenski barrera la route à Velestino, et les Turcs viendront se heurter à une résistance invincible

Nous allons voir comment, encore une fois, la fortune trahira les défenseurs du vieux sol hellénique.

Après quelques jours de répit, les hostilités reprirent le 5 mai. Ce jour-là, de grand matin, nous entendîmes le canon tonner du côté de Velestino. Comme j'étais encore harassé de fatigue, je me dispensai d'assister à l'action, me bornant à attendre les nouvelles. Elles arrivèrent bientôt, très optimistes. La première attaque des Turcs était repoussée; Smolenski inspirait confiance à ses troupes, qui toute la journée combattirent sans lâcher prise. Et le soir, ce fut une joie générale à Volo.

Le bruit se répandit que plus de cinq mille musulmans avaient été laissés sur le champ de bataille, tandis que deux cents Grecs à peine avaient succombé : aussitôt des bulletins de victoire furent envoyés à Athènes, dont la population commence à se reprendre.

La vérité, c'est que les Turcs n'avaient tenté aucun effort sérieux et qu'ils se réservaient pour le lendemain, attendant des troupes fraîches et les canons laissés en arrière.

Le 6, à 5 heures 1/2 du matin, nous entendons la canonnade recommencer par delà les hautes montagnes qui dominent Volo. C'est assez d'avoir lézardé la veille : cette fois, il faut assister à la bataille, et à 8 heures je prends un train qui se rend à Velestino. Les wagons sont bondés de jeunes gens armés des pieds à la tête, portant fusil, revolver, couteau, ceinturon où brillent les cartouches de cuivre. Ils ont l'air martial et la parole héroïque, se disant tout à fait décidés à sauver la patrie.

Pour cela, ils vont faire le coup de feu à côté des soldats.

Je ne reverrai d'ailleurs

VUE DE VELESTINO.

pas ces matamores de toute la journée. Dans le train, il y a aussi quantités d'infirmiers, d'infirmières, et aussi de nombreux curieux qui vont voir massacrer les Turcs : spectacle inédit, en vérité!

A 9 heures du matin, nous débarquons à Velestino. Un joli chemin, très ombragé, nous conduit rapidement à la petite ville, désertée complètement déjà par ses habitants. Après un coup d'œil sur la place gracieuse où dort un petit étang, nous montons bien vite sur la hauteur voisine, d'où nous pouvons observer la situation des troupes et la marche des opérations. Les positions grecques paraissent excellentes.

Les batteries grecques dominent toute la plaine où est massée l'armée turque, et le défilé qui conduit vers Volo est étroit et bien défendu. D'ailleurs, ce défilé une fois franchi, il resterait environ vingt kilomètres de montagnes d'accès difficile à occuper avant de parvenir au port thessalien. En somme, il paraît impossible que Volo soit investie... à moins que Velestino ne soit abandonné. C'est, hélas! ce qui va se produire. A l'heure où nous sommes, la bataille est dans son plein et se déroule sous nos yeux, sans qu'il soit possible d'en prévoir l'issue. Les armées ne prennent d'ailleurs pas contact: c'est surtout un duel d'artillerie auquel nous assistons, duel inégal, du reste, car les canons turcs portent à plus de 6.000 mètres, tandis que les canons grecs sont inoffensifs au delà de trois kilomètres. Pourtant, tout va bien de dix heures du matin jusqu'à deux heures de l'après-midi, et les batteries grecques tirent sans discontinuer. Je les visite toutes successivement, en constatant que les hommes se tiennent très bien au feu. Malgré une grêle de balles et les obus qui sifflent à toute seconde, les artilleurs chargent méthodiquement les pièces et pointent avec soin. Oh! ce bruit des balles et des obus, je n'avais pas encore eu, depuis le commencement de la campagne, l'occasion de l'entendre de si près. Au début, l'impression est vraiment fort pénible : on salue involontairement de la tête chaque projectile qui passe. Puis au bout d'une heure ou deux, l'accoutumance fait oublier le danger ; l'habitude est prise, et les nerfs se détendent. J'avoue pourtant qu'à certain moment j'éprouvais une bien vive sensation de soulagement en me trouvant à l'abri derrière le mur d'un petit couvent, après avoir suivi pendant deux ou trois cents mètres certain chemin découvert où crépitaient les balles et où je dus passer en rampant dans un fossé rempli d'orties.

Les obus qui éclatent après avoir heurté le sol ne font pas extrêmement d'impression. On se jette à plat ventre, on attend l'explosion avec une certaine anxiété, mais il n'y a pas la même sensation réellement très désagréable qu'on éprouve lorsqu'il s'agit des obus qui éclatent en l'air, au-dessus de la tête. Ceux-là arrivent en sifflant, puis font explosion en une suite de détonations brèves et violentes, tandis qu'une pluie de balles, de petits cubes en fer, de mitraille de toute sorte, tombe autour de vous. Instinctivement, on cherche à se couvrir la tête d'un bras ! Précaution d'ailleurs bien inutile, mais à laquelle on ne renonce qu'après quelques heures d'expérience. Les nerfs sont d'autant plus difficiles à dominer qu'on est plus inactif. Le spectateur d'une bataille est évidemment plus sensible à la menace du danger que le soldat occupé à décharger et à recharger son arme.

A deux heures, je remarque un mouvement inaccoutumé dans le service des estafettes, et je m'aperçois que les troupes de réserve, massées du côté de la gare, se mettent en marche vers Volo, au lieu de venir remplacer les combattants épuisés par neuf heures de lutte.

Bien vite je retourne à Velestino, plus morne encore qu'à mon arrivée, et je cours aux informations. Un confrère anglais, heureusement rencontré, me renseigne en quelques mots. Il paraît que le diadoque s'est fait battre à Pharsale et qu'il vient

LE PRINCE GEORGES.

de donner l'ordre à Smolenski d'abandonner Velestino, pour se replier sur Halmyro et Domokos.

Effectivement le mouvement de retraite est déjà

commencé, et de nombreux bataillons abandonnent le champ de bataille, tandis que les premières lignes continuent le feu.

Il ne me reste plus qu'à essayer de trouver place dans un des trains de blessés qui sont en partance.

A peine installé, assis sur l'impériale d'un wagon, j'entends au-dessus de ma tête le sifflement déjà très familier d'un obus. Mais celui-là vraiment est passé bien près. En effet, il tombe à moins de dix mètres du train et éclate.

Heureusement nous ne recevons que des éclaboussures de la terre labourée qui a jailli sous le coup.

Une minute après, un second obus éclate du côté opposé, mais toujours aussi près, puis un troisième et un quatrième.

Plus de doute, les Turcs tirent sur notre train, qu'ils ont aperçu.

Alors, le mécanicien, pris de peur, met le train en marche et, malgré les cris et signaux du chef de gare, file à toute vapeur vers Volo, tandis qu'un dernier obus nous rase à quelques mètres. La vitesse est prodigieuse, et nous ne sommes pas sans inquiétude, car évidemment, les disques ne fonctionnent plus. Si nous allions rencontrer un convoi venant en sens inverse!

Tout en faisant ces mélancoliques réflexions, nous pouvons voir le long de la voie de nombreux

LE PRINCE CONSTANTIN.

fuyards qui se hâtent, des compagnies entières marchant sans ordre et sans discipline. Les officiers, d'ailleurs pour la plupart, sont dans le train des blessés. Même j'assistai, avant le départ, à certaine scène répugnante que je ne puis passer sous silence. Deux capitaines, grands et très bien portants, firent lever de force et prirent la place de deux soldats dont l'un était blessé à la tête et l'autre au bras. Je ne pus, à ce spectacle, retenir mon indignation et laissai échapper quelques injures, que les deux gaillards firent semblant de ne point comprendre.

Ce sont là des défaillances qui se produisirent trop fréquemment, et qui expliquent les paniques et les débâcles. Les soldats grecs se sont bien comportés partout où les officiers ont montré l'exemple. Mais peut-on demander à des hommes de faire face à l'ennemi, quand leurs chefs abandonnent le commandement?

Enfin, vers 6 heures, nous arrivons à Volo, où nous apportons la mauvaise nouvelle de l'abandon de Velestino.

Chez M. de Roujoux, le consul de France, nous apprenons ce qui s'est passé à Pharsale.

Suivant sa tactique ordinaire, Edhem-Pacha, profitant de la très grande supériorité numérique de ses troupes, a attaqué Pharsale de trois côtés à la fois. Son aile droite est arrivée sur le théâtre des opérations en longeant la ligne du chemin de fer de Trikala, tandis que l'aile gauche se glissait entre

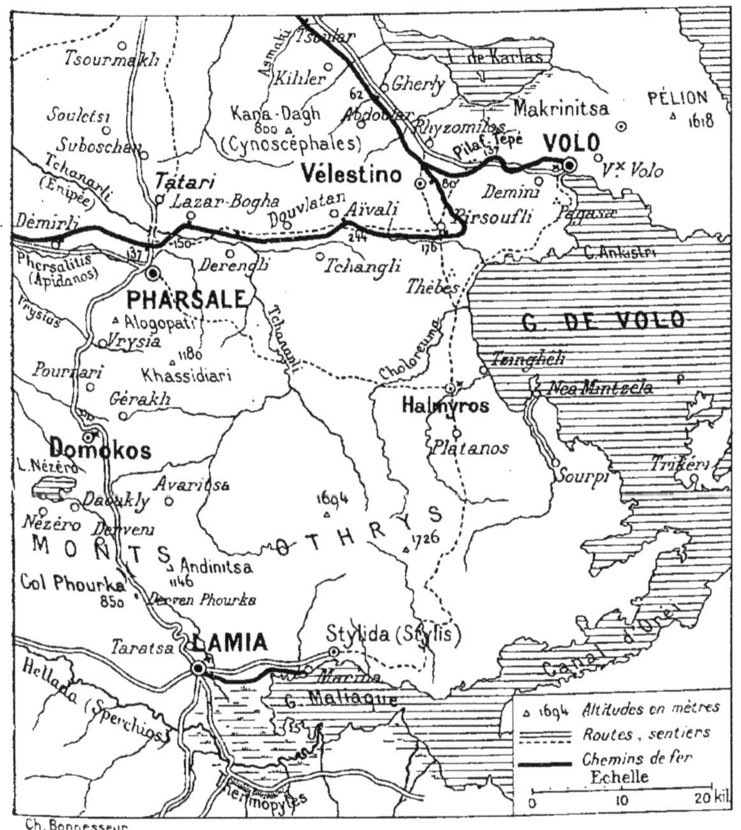

RÉGION DE VELESTINO. — DOMOKOS. — PHARSALE.

Velestino et Pharsale et s'efforçait de tourner cette ville.

Lorsque ses ailes eurent suffisamment préparé ce mouvement enveloppant, Edhem-Pacha fit marcher au centre le gros de ses troupes. Dès le matin, les Turcs commencent le feu du côté de Tatari. Aussitôt les divisions helléniques se rangent en bataille et tentent un mouvement offensif. Mais bientôt plus de 30.000 Turcs s'avancent rapidement, s'emparent des collines prochaines, y installent des batteries et bombardent violemment l'armée du prince héritier. Du côté de la gare, les Turcs s'avancent si près que les soldats en viennent aux mains; en même temps, les boulets turcs commencent à tomber sur la ville. La retraite est, dès lors, ordonnée, et le diadoque, qui la veille télégraphiait orgueilleusement à Athènes qu'il s'apprêtait à remporter d'éclatantes victoires, est le premier à partir pour aller se réfugier sur les hauteurs de Domokos. Nous avons vu plus haut comment cette défaite de Pharsale eut de lamentables conséquences à Velestino.

Enfin, pour l'instant, nous voici à Volo, dans une ville affolée où pas un fonctionnaire grec n'est capable de maintenir l'ordre. Le maire est déjà parti, et le gouverneur militaire répond aux habitants qui viennent l'interroger : « Faites ce que vous voudrez; moi, je n'ai pas d'ordre. » Et sur cette belle parole, ledit gouverneur s'enfuit à son tour. Heureusement, un homme est là, dont on ne saurait trop faire l'éloge, c'est M. de Roujoux, le consul de France. Avec un merveilleux sang-froid, une présence d'esprit admirable et une énergie indomptable, il prend véritablement en main la direction de la ville, réunit les notables, organise des patrouilles, afin de défendre les habitations contre les pillards déjà menaçants, et fait de son mieux pour diminuer la panique. Malgré ses efforts, la population prend peur ; on se raconte les atrocités dont sont capables les musulmans, et voilà que de plus en plus grandit la terreur.

Le télégraphe ne fonctionne plus, la poste est abandonnée, tous les magasins sont fermés, les hôtels renvoient les voyageurs : plus de bouchers, plus de boulangers ! Et toujours circulent des nouvelles alarmantes. Les Turcs ont brûlé Velestino ; les Turcs s'avancent ; dans quelques heures, ils seront là !

Alors, de tous les coins de la ville, la foule se rue sur les quais. Des pauvres gens sont là, avec des meubles pitoyables, quelques malles délabrées, des paquets de couvertures multicolores : quelques-uns ont avec eux de maigres animaux, un baudet qui brait lamentablement, une vache étique, un mouton maigre au plaintif bêlement.

Comment pourra-t-on embarquer tant de monde?

De temps en temps, un bateau arrive à quai. Il est immédiatement pris d'assaut par la foule : des batailles, des rixes sans fin se produisent sur l'escalier où les pauvres gens grimpent avec leurs bagages. On entend les enfants qui pleurent, les femmes qui crient, les hommes qui s'injurient. Des blessés sont amenés ; longtemps ils restent étendus par terre, exposés au soleil brûlant. Puis, tant bien que mal, on les transporte sur un bateau spécialement aménagé par la Croix-Rouge anglaise. Quant au service des ambulances militaires, jamais on n'en a trouvé trace.

Voici maintenant de gros canons de forteresse traînés par les soldats : on voudrait bien les embarquer, mais il n'y a pas de grues assez puissantes, et on les jette à la mer. Seuls, les petits canons de campagne sont transportés à bord.

Et tout cela constitue le plus navrant spectacle qu'on puisse imaginer.

Que de douleurs, que de misères sur ces transports qui partent lentement, emportant des milliers d'êtres humains entassés sur le pont !

Des scènes semblables se répètent pendant toute la journée.

Le soir, après dîner, arrivent dans la ville deux officiers musulmans qui viennent s'entendre avec les autorités, au sujet de l'entrée prochaine des troupes turques. Comme tous les fonctionnaires grecs ont disparu, les envoyés d'Edhem-Pacha sont obligés de s'adresser aux consuls européens.

Il est décidé que le lendemain, à 6 heures, les consuls de France et d'Angleterre, délégués par la population de Volo, iront au-devant d'Edhem-Pacha pour lui annoncer la soumission de la ville et le prier d'épargner à la malheureuse cité le pillage et l'incendie.

Edhem-Pacha répond qu'il veillera au salut de la ville. Dès lors, le quartier général quitte Velestino et s'avance sur Volo, suivi de la division Hakhi. Celle-ci, après quatre heures de marche, arrive aux portes de la ville : mais deux bataillons seulement, commandés par un aide de camp du sultan, entrent à Volo, vers 11 heures du matin, au son des clairons.

De nombreuses maisons sont pavoisées aux couleurs françaises; les propriétaires se mettent ainsi sous notre protection.

Tous les consulats ont arboré leurs pavillons. Une escouade de marins, se trouvant à terre au moment du passage des bataillons turcs, salue le drapeau musulman.

Aussitôt arrivé à Volo, Hakhi-Pacha adresse

une proclamation à ce qui reste de population et prie les commerçants de rouvrir les magasins. Tous ceux qui n'ont point encore quitté la ville s'empressent d'obéir à l'injonction. De plus, quelques notables sont envoyés dans les environs de la ville, afin d'avertir les nombreux habitants réfugiés aux alentours qu'ils pouvaient revenir à Volo, sans crainte d'être molestés.

Enfin, pour éviter toute complication, les consuls étrangers se joignent à Hakhi-Pacha pour demander au commandant du cuirassé grec *Psara* de quitter le port avec les deux torpilleurs qui sont encore là.

L'officier grec ne se fait d'ailleurs pas prier, et, quelques heures après, le bleu pavillon hellénique a disparu à l'horizon!

Quand rentrera-t-il à Volo? Pas de longtemps, sans doute!

LE TRAIN DES BLESSÉS.

CHAPITRE III

De Volo à Domokos. — La physionomie d'Athènes. La bataille de Domokos. — L'armistice.

On se souvient sans doute qu'après la retraite de Velestino, l'armée de Thessalie s'était divisée en deux tronçons : une partie des troupes avait été rejoindre le diadoque réfugié à Domokos ; l'autre était allée camper à Halmyros, sous les ordres du colonel Smolenski.

Je venais de voir opérer ce dernier : il me parut plus curieux d'aller retrouver le prince héritier à Domokos. Non sans de grandes difficultés, je trouvai passage sur un bateau grec emportant de Volo les derniers fuyards. Il ne faut guère plus de douze heures pour aller du port thessalien à Stylida. Heureusement ! car le pont du navire est tellement encombré de bagages et d'émigrants qu'on ne peut s'y mouvoir et qu'on y respire une odeur insupportable de graisse et d'huile.

Enfin le 12 mai, vers neuf heures du matin, le bateau jette l'ancre devant Stylida.

C'est une jolie et gracieuse petite ville installée sur le golfe de Lamia et qui, pour l'instant, est fort animée. Sur le port, des centaines d'émigrants sont campés; dans les rues, des soldats de toutes armes se croisent en causant bruyamment. Ce sont, pour la plupart, des isolés qui ont abandonné Velestino et qui vont rejoindre leur régiment à Domokos.

Ne me souciant pas d'y aller, comme eux, à pied, je m'occupe bien vite de trouver une voiture pour Lamia. C'est seulement vers midi que je parviens à dénicher une affreuse berline, attelée de deux chevaux clopinant, où je m'installe pourtant avec quelque satisfaction.

Il fait un temps superbe et le coup d'œil est merveilleux. Rapidement la route s'élève et domine le golfe. Derrière nous, s'allonge très bleu et très calme, le canal de Trikeri, resserré entre des rives aux pentes douces et boisées. A notre gauche, c'est le canal d'Atalanti, qui se faufile entre l'Eubée et la Locride : presque en face, le fameux défilé des

SCÈNE À VOLO.

Thermopyles, où nous apercevons une route qui monte en lacets jusqu'à un col neigeux.

Nous avons tout loisir de contempler ce panorama enchanteur, car nos chevaux marchent lentement tant la route est encombrée de troupeaux de bœufs et de moutons.

Heureuse excuse pour les pauvres bêtes, qui auraient grand'peine à trotter même sur une route déserte.

Le trajet d'ailleurs est court : trois heures après avoir quitté Stylida nous approchons de Lamia, dominée par une vieille citadelle imposante qui date du moyen âge et dont les murs épais semblent défier les ans.

Plus encore que Stylida, la petite ville de Lamia

est fiévreuse, bruyante et animée. Sur la place qui est au centre de la ville, les cafés regorgent d'officiers et de soldats. Les officiers surtout sont en grand nombre et discutent avec des gestes forcenés. On se demande s'ils ne seraient pas mieux à leur place à la tête des troupes qui sont en face de l'ennemi.

La journée est déjà très avancée; nous occupons notre temps à parcourir les rues étroites, qui ont conservé tout à fait le cachet turc, avec leurs boutiques sales et empuanties, les innombrables savetiers, les répugnants étalages où cuisent dans des casseroles graisseuses de gros quartiers d'agneaux!

Oh! ces quartiers d'agneaux! quel dégoût nous monte aux lèvres en songeant que pendant toute la durée de la guerre nous n'eûmes point autre chose à nous mettre sous la dent!

Nous sortons bientôt des ruelles obscures pour nous diriger vers les faubourgs, où l'air est plus respirable.

Ici, un coin pittoresque, une vieille mosquée en ruine dont les pierres mal jointes sont couvertes de feuillage. En face, une antique fontaine où viennent se désaltérer de paisibles baudets, aux yeux résignés et doux. Plus loin, presque au sortir

PANIQUE À VOLO.

de la ville, nous rencontrons un groupe singulier : c'est une femme, en vêtements masculins, accompagnée de deux hommes. Nous nous informons, et le drogman qui nous accompagne les interroge et nous traduit les réponses. La femme à l'allure martiale n'est autre que Vasilika Kamatopoulo, accompagnée de son mari et de son frère.

Vasilika commande une troupe de palikares qui, dit-elle, ont déjà fait des prodiges de valeur, ont massacré d'innombrables Turcs et sont disposés à faire mieux encore. Elle paraît pleine d'ardeur ; à l'entendre, elle aurait autour d'elle une poignée de héros. Qui sait si la pauvre femme ne s'abuse pas ? Maintenant il faut rentrer au centre de la ville et se préoccuper des moyens d'aller le lendemain à Domokos. Et je sais, par expérience, combien il est difficile de se procurer chevaux et voiture. Presque tous les véhicules sont réquisitionnés pour le transport des blessés et des munitions. Les quelques voitures qui restent sont depuis longtemps retenues par les correspondants des journaux anglais et américains, qui jettent l'or à pleines mains et contre les ressources desquels ne saurait lutter le modeste budget d'un publiciste français.

Pourtant, à force de démarches et d'intrigues, je parviens à trouver un étrange carrosse traîné par de malheureuses bêtes étiques dont la peau tout écorchée révèle une fantastique anatomie. Il est convenu que le cocher me prendra le lendemain à première heure devant la porte de l'horrible auberge où, pendant la nuit, je serai livré à une invasion de puces, de punaises et de moustiques.

De Lamia à Domokos il y a environ quarante kilomètres ; il faut environ huit heures pour les franchir, car il s'agit de traverser le col de la Phourka.

Presqu'au sortir de Lamia, la route monte rapidement à travers les gorges des monts Othrys pour arriver au défilé, qui est d'ailleurs d'une médiocre altitude, 8 à 900 mètres seulement. On a tout de suite l'impression que ce ne sont pas les monts

LE TRANSPORT.

Othrys qui pourront opposer une barrière infranchissable à la marche envahissante des Turcs. La route est détestable, détrempée par la pluie, ravinée par des ornières profondes. Nos chevaux font des efforts inouïs pour traîner la voiture, d'où nous avons dû descendre.

Cette marche déjà si lente est encore retardée par la rencontre des longs convois d'émigrants qui se dirigent vers Lamia. Rien de plus triste, mais aussi rien de plus pittoresque que ces lamentables troupes de pauvres gens qui fuient devant les Turcs.

Les chariots, de forme antique, aux roues pleines plutôt ovales que rondes, portent aux quatre coins des morceaux de bois dressés auxquels sont accrochés des ustensiles de toute nature, des marmites qui ressemblent à des boucliers, des berceaux multicolores, des oripeaux extraordinaires. Sur le sommet des couvertures empilées, des marmots sont juchés qui regardent avec un étonnement inconscient ces pays nouveaux pour eux.

Des bœufs noirs et gris, avec de longues cornes retournées vers l'arrière, ressemblant à des buffles, traînent cet équipage d'un pas lent. Autour des chars, des hommes, des femmes vont à pied; ils paraissent exténués. La plupart boitent péniblement, et pourtant ils n'ont pas l'air désespéré mais plutôt résigné. En véritables Orientaux, ces gens-là s'inclinent devant la fatalité.

En contemplant ces étranges convois, nous nous demandons si nous sommes bien au dix-neuvième siècle, ou plutôt si nous ne subissons point la magie de quelque rêve fantastique. N'est-ce point là une scène biblique, une page de l'Exode ? N'assistons-nous pas à la fuite des Hébreux à travers l'Égypte ?

UNE PLACE À LAMIA.

Un claquement de fouet, un cri de colère de notre cocher qui jure, nous ramènent à la réalité.

Un chariot vient de se briser au milieu de la route, barrant le passage. Il va falloir pendant une demi-heure aider au déblayement, tandis que se lamentent les malheureux ainsi obligés de renoncer à suivre leurs compagnons.

Nous voilà repartis! mais bientôt nouvel arrêt. Il faut nous ranger pour laisser passer une batterie d'artillerie qui vient derrière nous.

Les mulets qui la traînent sont à bout de forces, ruisselant de sueur sous les coups impitoyables des artilleurs, stimulés par les criailleries des officiers.

Enfin les canons sont passés. A notre tour nous pouvons franchir le col.

Le plus dur de la route est fait maintenant : il ne nous reste plus qu'à redescendre dans la plaine par un chemin en zigzag, traverser la vallée où dort le lac Nezero, et remonter un peu pour arriver enfin à Domokos.

Le long du chemin, à quelques kilomètres de la petite ville, des soldats grecs sont campés sans ordre, sans discipline : quelle triste organisation !

Mais voici la ville qui devant nous s'étage tout autour de la vieille forteresse bien conservée. Avant de pénétrer dans le centre de Domokos nous passons d'abord devant une grande maison, de modeste apparence, gardée par de nombreux factionnaires.

Nous nous informons, et on nous répond que c'est là le quartier général du diadoque.

Le prince héritier est là, très enfermé, ne sortant jamais, car les troupes sont irritées contre lui. Le commandant en chef de l'armée hellénique serait insulté par ses soldats, s'il se montrait à eux !

Poursuivons notre chemin. Nous arrivons bientôt sur la place centrale de Domokos, où règne une agitation extrême. Officiers, soldats, journalistes, palikares s'y croisent, y stationnent, discutent et font de la stratégie à leur façon. Un mouvement se produit. Ce sont deux prisonniers turcs qu'on mène à la forteresse. Nous nous hâtons de les pho-

LA CITADELLE À LAMIA.

tographier, car rarement nous retrouverons pareille occasion.

Mon appareil a, du reste, un vif succès, car je suis rapidement entouré des soldats de la légion étrangère, section française, qui manifestent un ardent désir de poser devant l'objectif. Ces braves garçons, qui se sont fort bien battus à Pharsale et à Tatari, ont l'inoffensive ambition de passer à la postérité revêtus de l'uniforme hellénique. Pour être plus certains que je leur donnerai satisfaction, ils m'emmènent déjeuner avec eux. Au menu, l'inévitable agneau, mais fort bien accommodé, cette fois, par un ancien cuisinier marseillais, dont les fourneaux s'éteignirent... au moment où s'allumait la guerre. Ajoutez à cela une énorme bouteille au ventre rebondi, solennelle dame-jeanne, d'origine peu orthodoxe, mais remplie d'excellent vin, et vous n'aurez point à nous plaindre.

En quittant les volontaires français, nous grimpons bien vite à la citadelle pour nous rendre compte de la position stratégique de Domokos. En elle-même, la place paraît imprenable. Mais à droite et à gauche, il y a deux défilés qui conduisent de la plaine de Pharsale à la plaine du lac Nezero. Or, si les armées du sultan parviennent à franchir ces défilés, la route de Lamia est ouverte et les troupes enfermées à Domokos sont irrémédiablement cernées. En vain dix-huit mille hommes et quelques batteries d'artillerie occupent les défilés : les Turcs disposent de troupes si nombreuses qu'ils parviendront vraisemblablement à faire lâcher pied aux Hellènes.

Ceux-ci, d'ailleurs, ont assez de la guerre : ils sentent l'inutilité de l'effort. Surtout ils ont perdu confiance dans leurs chefs, qu'ils rendent respon-

FONTAINE PUBLIQUE À LAMIA.

sables des malheurs de la patrie. Les mots de lâcheté et de trahison sont dans toutes les bouches! Et puis la discipline n'existe plus, l'organisation est nulle, le diadoque n'a plus la moindre autorité, les aides de camp qui l'entourent sont tenus en suspects par les officiers professionnels.

Quant à la légion étrangère, elle renferme de bons éléments : mais elle est sans cesse divisée par des querelles violentes; il y a des Anglais, des Français, des Allemands, des Russes, des Suédois, des Italiens, qui forment des groupes animés les uns contre les autres de haines nationales. Détail curieux à noter : les Français fraternisent volontiers avec les Suédois ; même ils s'entendent assez bien avec les Allemands.

Mais ils sont en perpétuel conflit avec les Italiens, qui d'ailleurs sont aussi fort mal avec les Allemands !

Il est impossible de n'être point frappé, dans ce milieu où n'ont aucune influence les alliances diplomatiques, de la solidarité qui s'établit entre gens du Nord contre les Méridionaux.

Après deux jours passés à Domokos, les renseignements recueillis me font croire que les Turcs attendront encore près d'une semaine avant d'attaquer de nouveau l'armée grecque.

Le moment me paraît donc opportun d'aller passer, ne fût-ce que vingt-quatre heures, à Athènes, pour étudier l'état des esprits, la situation morale qui résulte de cette suite ininterrompue de défaites.

Je repasse par Lamia, où je rencontre les bandes garibaldiennes qui se rendent à Domokos. Parmi les officiers qui portent la chemise rouge, le député français Antide Boyer paraît plein d'ardeur et nous dit quelle est sa hâte de prendre un fusil.

VASILIKA KAMATOPOULO.

Le voyage est rapidement fait entre Stylida et le Pirée.

Pendant la traversée, j'ai déjà un avant-goût des sentiments populaires. Sur le pont, un poète — ils sont nombreux en Grèce — déclamait des vers injurieux contre le roi ; les trois ou quatre cents passagers présents, depuis les officiers jusqu'aux plus humbles émigrants, applaudissaient avec enthousiasme.

En arrivant à Athènes, la physionomie de la capitale nous impressionne péniblement, nous qui venions d'assister à tant de débâcles, à tant de défaillances. Les cafés regorgent de monde, les rues sont encombrées de gens qui discutent en attendant des nouvelles.

Mais alors que je croyais trouver seulement ici des vieillards et des enfants, je constate que la ville est encore pleine d'hommes jeunes, valides, fort capables de porter un fusil, et qui estiment pourtant préférable de bavarder sur la place de la Constitution.

Profondément philhellène, car je crois sincèrement que la Grèce représente la civilisation en Orient, je suis douloureusement affligé de constater que ce peuple ne fait pas tout son devoir. On ne voit point ici une nation décidée à sauver la patrie à force d'héroïsme. A Athènes, comme en province, ce n'est point contre le Turc que se déchaînent les passions, mais contre le roi et la famille royale.

Est-ce à dire qu'une révolution est probable à Athènes? Les uns disent oui, les autres, non. « Nous sommes maintenant tous républicains! disait

CONVOI D'ÉMIGRANTS.

MAISON DU DIADOQUE.

un ancien ministre. — Oui, répondaient d'autres interlocuteurs, mais nous n'avons point les hommes qu'il faut pour fonder la République. »

Et sans doute la dynastie profitera, pour se maintenir, de la querelle des partis d'opposition qui luttent entre eux, non point sur des programmes, mais uniquement sur des questions personnelles.

Quoi qu'il en soit, le roi, la reine et les princesses passent de vilains moments. Ils veulent visiter les hôpitaux. A la porte de quelques-unes des salles, on prie les princesses de s'abstenir, tant est grande l'excitation parmi les blessés.

Dans d'autres salles, le roi est accueilli par des murmures; souvent des réponses injurieuses ou sarcastiques sont faites à ses questions.

Quant au diadoque, inutile de dire qu'il est, parmi les princes, le plus impopulaire. Ses amis eux-mêmes reconnaissent qu'il lui sera impossible, avant de longs mois, de rentrer à Athènes.

Le héros du jour, c'est Smolenski : ses portraits s'étalent à toutes les devantures ; des centaines de chansons célèbrent ses exploits, tous les journaux font son apologie. On réclame pour lui le commandement suprême des armées ; on affirme que, s'il eût été généralissime, la victoire était assurée. Cette popularité ne manque pas d'inquiéter quelques sages esprits qui redoutent une dictature militaire. Heureusement, me dit-on, Smolenski est un excellent soldat, tout entier à son devoir et peu désireux de jouer un rôle quelconque comme homme politique.

C'est sans doute pour cela que depuis on en a fait un ministre de la guerre !

Mais voici qu'arrive à Athènes la nouvelle de la prochaine bataille de Domokos. Bien vite nous devons rejoindre l'armée hellénique, où nous arrivons à temps pour assister aux dernières hostilités de cette guerre lamentable.

BATTERIE D'ARTILLERIE DANS LE DÉFILÉDE LA PHOURKA.

PRISONNIERS TURCS.

Le 10 mai, le prince héritier avait adressé à ses troupes l'ordre du jour suivant :

« Soldats de l'armée grecque,

« L'armée s'est retirée sur Domokos, parce que les positions de Pharsale n'étaient pas assez fortes, et que l'ennemi nous était de beaucoup supérieur en nombre ; mais les positions que vous occupez sont si fortes, qu'on peut considérer notre armée comme invincible.

« J'ai pleine confiance que vous pourrez non seulement repousser avec succès les attaques d'un ennemi, même s'il nous est supérieur en nombre, mais qu'encore vous pourrez sous peu prendre l'offensive et l'obliger à abandonner le territoire grec.

« Souvenez-vous que vous défendez ici le sol sacré de la patrie, l'honneur du roi et de la nation, et qu'il ne faut pas permettre à l'ennemi de faire un pas de plus sur le sol de la Grèce. »

Après de si nobles paroles, nous allons voir les actes! Malgré l'inaction apparente de l'armée le plan d'opérations adopté par Edhem-Pacha se poursuivait avec activité. Des conciliabules fréquents avaient lieu entre le général en chef et ses officiers.

De nombreux bataillons arrivaient chaque jour de Larissa.

Les troupes étaient sans cesse entraînées par des exercices quotidiens. La reconnaissance des positions grecques, les mouvements préparatoires étaient méthodiquement exécutés, malgré le temps pluvieux et le mauvais état des chemins.

Les Turcs n'allaient point tarder à recueillir le fruit de leur énergie et de leur prudence.

Le 17 mai, dès cinq heures du matin, les troupes de Pharsale et des environs commencent leur marche en avant : six divisions vont attaquer les Grecs.

CAMPEMENT DE SOLDATS GRECS À DOMOKOS.

C'est contre l'aile gauche hellénique que commence la bataille. Jusqu'à deux heures de l'après-midi, les batteries turques et grecques sont aux

LES VOLONTAIRES FRANÇAIS.

prises, et le feu ne cesse pas. Nous assistons au combat du haut de la forteresse.

Vers midi, la route de Pharsale apparaît, au lointain, couverte de troupes musulmanes qui s'avancent jusqu'à une distance de 6 kilomètres environ et commencent à envoyer des projectiles.

Mais de ce côté le feu n'est point très vif. Ce n'est, en tout cas, qu'un duel d'artillerie.

A deux heures seulement, l'attaque commence, très violente, contre l'aile droite de l'armée grecque. Ici la parole n'est plus au canon, c'est l'infanterie qui donne des deux côtés.

Tout à fait en avant, l'héroïque Cipriani, le fameux révolutionnaire italien, est à la tête de 120 hommes : onze sont tués, vingt-neuf sont blessés. Cipriani reçoit une balle dans le genou, mais n'en continue pas moins à commander le feu.

Pas loin de là, les garibaldiens et la légion philhellénique se battent merveilleusement. Le député italien Fratti tombe frappé d'une balle en plein cœur, Antide Boyer tire sans arrêter, le capitaine Varassas reçoit une blessure mortelle.

Enfin la nuit tombe ; peu à peu la fusillade cesse, et la grande voix des canons se tait autour de nous. La bataille est terminée, et Domokos reste encore entre les mains des Grecs. En somme, la journée est glorieuse et la bataille pourrait recommencer le lendemain.

Mais non ! la tactique habituelle va être encore suivie, et le diadoque, qui lançait quelques jours auparavant la fière proclamation qu'on a lue, prend

COMBAT DE DOMOKOS.

vers onze heures du soir la résolution... de se retirer !

Et de nouveau nous voici en pleine retraite! Encore une débâcle, encore une panique! Tout le monde se précipite hors de la ville, et c'est le long de la route de Lamia le recommencement des scènes effroyables et humiliantes que nous avons déjà vues à Tyrnavo et à Larissa.

Cette fois la défaite est complète, irrémédiable. On ne cherche même pas à se maintenir à Lamia. L'armée se retire précipitamment aux Thermopyles, qu'elle ne serait même plus d'ailleurs en état de défendre.

Heureusement, le 20 mai, l'armistice est signé, sans quoi les Turcs nous poursuivaient jusqu'au Parthénon!

LA FORTERESSE D'ARTA.

PONT SUR L'ARAKHTOS.

CHAPITRE IV

En Épire

A peine les derniers coups de canon étaient-ils tirés à Domokos, que je partais bien vite pour Athènes et de là pour l'Épire, où je n'avais pas encore eu l'occasion d'étudier la marche des événements.

Dans cette course rapide, ce m'est un repos de me trouver quelques heures en chemin de fer, sur cette voie ravissante qui longe successivement les golfes de Salamine, de Corinthe et de Patras.

Puis une courte traversée en bateau nous conduit à la petite ligne qui, par Missolonghi, nous mène jusqu'à Agrinion. Ah! ce nom de Missolonghi, comme il sonne tristement à nos oreilles, évoquant brusquement tout un passé de gloire et d'héroïsme! Où sont-ils donc, maintenant, ces vaillants défenseurs de l'indépendance hellénique!

D'Agrinion à Arta il faut deux grands jours de voiture. Mais la route est superbe : ce ne sont plus les rochers arides de l'Attique, ni les plaines ennuyeuses de Thessalie. Ici le paysage est magnifique: des collines verdoyantes, des forêts d'oliviers et de grasses prairies.

Le temps est mauvais, mais pourtant il y a des éclaircies, et le soir nous voyons se coucher le soleil derrière des montagnes d'un bleu intense, tandis que les derniers rayons viennent jeter une lumière violacée sur les eaux dormantes d'un lac paisible.

Et tandis que la nature se fait ainsi très belle, nous rencontrons à chaque pas des voitures où gémissent des blessés, des chariots qui ramènent des officiers morts. Puis ce sont des déserteurs qui passent, traînant la jambe, des fuyards qui se sauvent et qui, le soir venu, pilleront les habitations isolées des populations qui émigrent.

A moitié route entre Agrinion et Karavassara, nous nous arrêtons pour laisser souffler nos che-

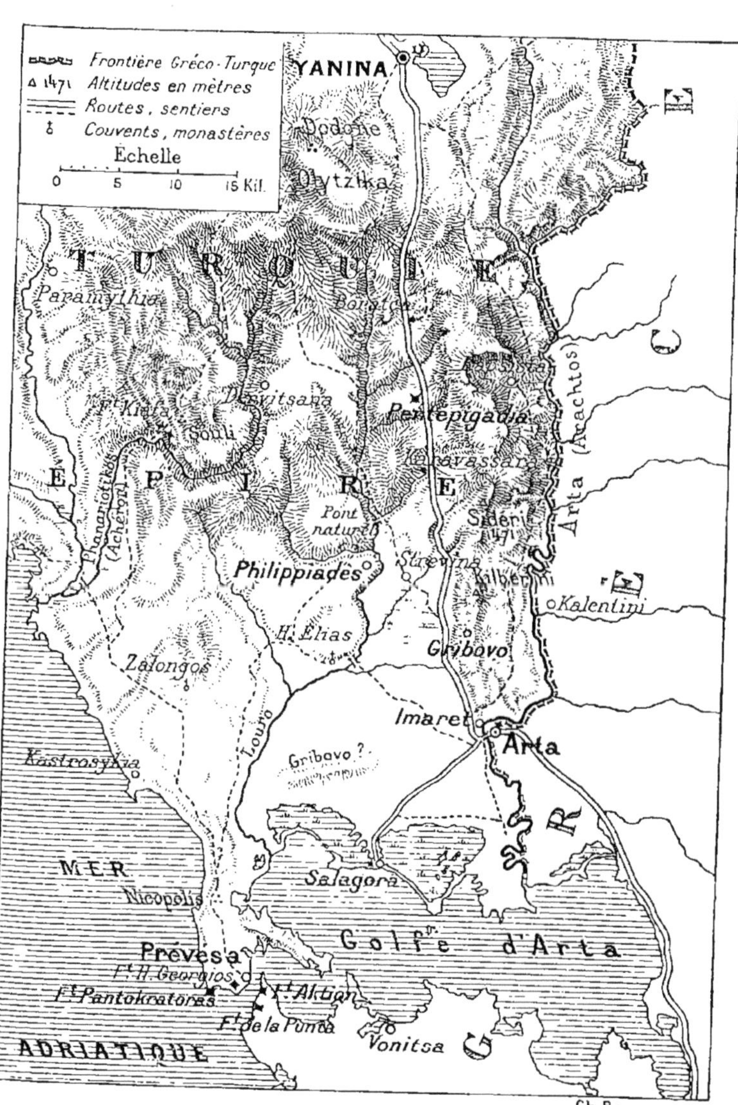

CARTE DE L'ÉPIRE.

vaux et nous pénétrons dans une misérable auberge où, sur un grabat, gémissent des officiers blessés. Puis, dans une salle basse, enfumée, à peine éclairée par la flamme vacillante d'une chandelle, des

GARIBALDIENS À ARTA.

hommes grelottants se pressent autour d'un pauvre foyer où quelques branches mouillées se consument.

Dieu ! que tout cela est triste, et quelle pitoyable organisation ! Pas d'autre service d'ambulance que quelques voitures de la Croix-Rouge. Ici, comme en Thessalie, il n'y a pas trace d'ambulance militaire.

Mais continuons notre route, cahotés dans une

berline qui roule par miracle et craque lugubrement.

Voici Karavassara ; la petite ville est pleine de volontaires du corps de Botzaris qui retournent à Athènes en proférant des menaces. Ils disent qu'ils ont été trahis et que, s'ils n'ont pas eu l'occasion de verser leur sang à la frontière, ils le verseront à Athènes pour châtier les criminels qui gouvernent.

Ce sont ceux-là qui passèrent à Patras quelques jours après. On voulut les désarmer, mais ils mirent bien vite des cartouches dans les fusils et, couchant en joue les autorités et les gendarmes : « Venez prendre nos fusils ! » criaient-ils. Et on dut les laisser partir avec leurs armes.

Partout, et très haut, les soldats et les habitants de la frontière crient à la trahison et accusent avec une violence inouïe le commandant en chef de l'armée d'Épire, le général Manos, qui d'ailleurs fut révoqué quelques jours avant la fin des hostilités et remplacé par le frère de Smolenski. A son retour à Athènes, Manos fut l'objet de violentes manifestations. A Mondoughi, le général fut hué et attaqué à coups de pierres. A Titolico, une foule furieuse brisa les vitres de son wagon. Manos n'osa pas débarquer à Patras et vint directement à

Corinthe, sur un petit schooner. Pendant les quelques heures que je passe à Karavassara, j'assiste à une scène pittoresque et poignante : l'enterrement d'un officier. Dans une rue étroite et montueuse, pavée de cailloux pointus et disjoints, le cortège grimpe vers l'église. Le cercueil où le mort est couché, figure découverte, est porté à bras par des soldats ; il est suivi par des popes en robes noires, portant de hautes lanternes voilées de crêpe, et derrière s'avance un détachement de garibaldiens.

Dans l'église où nous pénétrons, on voit à peine clair, et la lueur tremblotante de petits cierges projette sur les visages des assistants d'étranges effets de lumière : il y a là quantité de blessés, la tête ou les bras enveloppés de linges sanglants, et tout ce monde est fort recueilli, tandis que les chants nasillards de l'office augmentent encore le caractère lugubre de la cérémonie.

Pourtant il nous faut continuer notre voyage vers Arta. Malgré notre fatigue, nous sommes bien vite saisis par les beautés de la route de corniche qui domine le golfe d'Ambracie et offre des coups d'œil prestigieux.

Une heure d'arrêt à Mélina, où nous assistons à l'arrivée d'une voiture de blessés, et à la cuisson des agneaux ! Puis nous repartons bien vite, car nous avons hâte d'arriver à Arta, dans l'espoir d'être là à temps pour les derniers combats.

Malheureusement nous arrivons trop tard, et le drapeau blanc vient d'être hissé. Ici comme à Lamia les hostilités sont terminées et l'armistice est proclamé. Nous ne pouvons mieux faire alors que nous promener dans la ville en nous faisant raconter les dernières péripéties de la lutte.

Arta est une ville fort curieuse, toujours animée d'ordinaire, mais qui à l'heure présente est plus mouvementée que jamais, car elle regorge de soldats de toutes armes : on y rencontre beaucoup de garibaldiens, ceux qui se battent! les autres ont déjà fui et pratiquent le brigandage dans les montagnes.

Notre promenade nous conduit successivement à la vieille forteresse, énorme bâtisse très majestueuse qui est bâtie sur le bord de l'Arakhtos, à la curieuse église byzantine, malheureusement très mutilée, mais encore fort intéressante, à un ancien cimetière où se dresse une mosquée presque croulante et quelques ruines d'un gracieux style.

Enfin nous arrivons à l'Arakhtos, le fleuve frontière sur lequel est jeté un pont bizarre, de l'époque romaine et en forme de dos d'âne.

Et là, sous l'ombrage d'un énorme chêne, nous

À KARAVASSARA : ENTERREMENT D'UN OFFICIER.

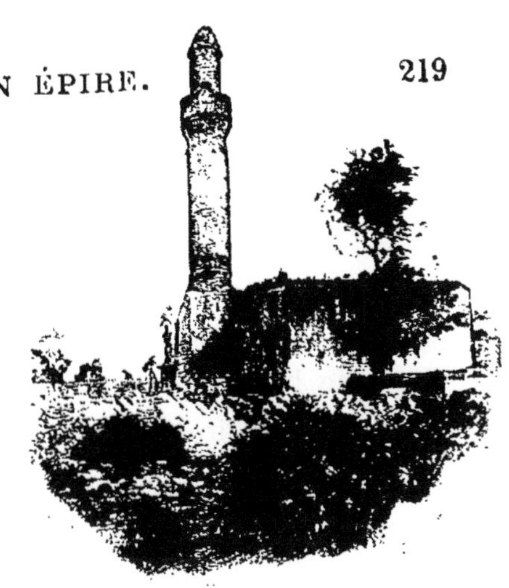

UNE MOSQUÉE À ARTA.

devisons avec quelques officiers qui veulent bien nous renseigner.

Dès le commencement de la guerre, les Grecs avaient pris l'offensive, et quelques succès importants avaient récompensé leurs efforts.

Philippiadès était tombée entre leurs mains, et la bataille de Pente-Pigadia pouvait être considérée comme une victoire. Mais brusquement, et sans qu'on puisse se l'expliquer, Manos avait donné l'ordre de battre en retraite, et ce ne fut plus ensuite qu'une lamentable et incohérente série de fautes successives.

D'abord, on ne put, ou plutôt on ne voulut pas prendre Préveza, qui pourtant n'aurait pas résisté vingt-quatre heures à un bombardement sérieux. Des scandales récents nous ont instruits, il est vrai, du rôle que pouvait jouer une marine dont les torpilles n'étaient point munies de détonateurs ! Certes la faute la plus lourde, la plus extravagante et la plus désastreuse, fut la bataille de Grébovo, qui termina la campagne d'Épire. Le mercredi 12 mai, les Grecs occupaient les hauteurs de Grébovo, tandis que les Turcs étaient dans la plaine. Cette position avantageuse fut abandonnée, sans combat, par l'armée hellénique. Et le lendemain on engagea une formidable bataille pour la reprendre!

Les Grecs firent alors des prodiges de valeur, mais en vain : des hauteurs où ils étaient dès lors établis, les Turcs repoussaient tous les assauts. Pendant trente-six heures les troupes de Manos multiplièrent les efforts, et ce fut assurément le plus meurtrier des engagements. Il fallut rentrer à Arta : plus de quarante officiers tués ou blessés et près de mille soldats sont hors de combat. Trop souvent nous avons eu à signaler des défaillances pour ne pas ici rendre hommage à l'héroïsme des troupes et des officiers. Le commandant Papaïanopoulo avait eu la cuisse cassée par un éclat d'obus. On l'avait emporté sans connaissance à l'hôpital.

Lorsqu'il reprend ses sens, il demande où en est la bataille : on lui dit que les Grecs sont en fâcheuse position. Alors il manifeste la volonté de retourner au milieu de ses soldats.

— Impossible, mon commandant, lui répond-on. Vous ne pourriez pas vous tenir à cheval.

RUINES ANTIQUES À ARTA.

— Qu'on m'attache ! réplique Papaïanopoulo. Et comme on refuse, il saisit son revolver et, se l'appuyant sur le front : « Je me brûle la cervelle, si vous ne me donnez pas un cheval », s'écrie-t-il.

Il faut bien céder : le malheureux est mis en selle et s'élance en avant. Une demi-heure après il recevait une balle en pleine poitrine et tombait mort. Le colonel Manessis, lui aussi, est mortellement frappé au côté ; quatre hommes ont peine à le maintenir, car il veut se relever, et ne cesse de crier « En avant ! » que lorsqu'il est à bout de forces.

Mais malgré ces hauts faits de leurs chefs, les soldats ne peuvent plus avoir confiance et rentrent à Arta démoralisés et furieux. Dès lors, plus de discipline pour résister aux paniques comme celle qui se produisit le samedi matin. Tout à coup on entendit les cris : « Les Turcs arrivent! Sauvons-nous! » Ce fut un désordre indescriptible: la population se précipitant sur la route; les soldats refusant d'obéir aux ordres des officiers et renversant même ceux qui voulaient les arrêter; les prisonniers profitant de l'affolement pour briser les portes de la prison et s'enfuir ; bref, une débandade générale.

Heureusement, la cavalerie parvint à arrêter le mouvement, et, moitié par persuasion, moitié par force, les fuyards rentrèrent dans la ville.

Le dimanche, la journée fut calme, le lundi également.

Le mardi matin, 18, les canons de la forteresse d'Arta commencèrent à tirer sur le mont Imaret, où les Turcs se fortifiaient. C'est alors que ceux-ci hissèrent le drapeau blanc : enfin l'ordre de cesser le feu était arrivé, et l'armistice commençait.

Vraiment il était temps, car le désordre qui régnait à Arta aurait rendu possible un coup de main des Musulmans.

Ici se termine la tâche que je me suis imposée. D'aucuns trouveront sans doute qu'il y a bien des lacunes dans cette rapide étude. Qu'il me suffise de faire observer que je n'ai point eu la prétention

CAMPEMENT AUX PORTES D'ARTA.

d'écrire une histoire complète de l'insurrection crétoise et de la guerre gréco-turque, mais que j'ai seulement voulu transcrire, ainsi que le titre l'indique, des notes et des impressions personnelles de mon séjour là-bas pendant ces douloureux événements.

Il appartient à d'autres de tirer les conclusions stratégiques, politiques, économiques et sociales que comporte la navrante aventure dont nous avons tracé une rapide esquisse.

Au point de vue militaire, les attachés qui suivirent les opérations ne manqueront point de profiter des enseignements que les diverses péripéties de la guerre purent leur donner. Ils auront pu voir quel rôle prépondérant, décisif, joua l'artillerie, et combien fut effacé celui de l'infanterie, presque nul celui de la cavalerie.

Et encore les deux belligérants n'avaient à leur disposition qu'un matériel très imparfait, des canons de petit calibre, des artilleurs relativement inexpérimentés. On en peut conclure, avec la force de l'évidence, que si, à l'heure actuelle, un conflit éclatait entre les grandes puissances formidablement armées d'engins puissants, ce serait plus encore que dans la guerre turco-grecque un duel effroyable d'artillerie qui s'engagerait.

Au point de vue politique, il faudrait un volume pour montrer les conséquences incalculables de l'abaissement de la Grèce, de sa ruine financière, de la perte de tout son prestige en Orient.

Et cela, je le répète, sortirait du cadre de cette publication. Je souhaite seulement que ces quelques pages d'un témoin impartial fournissent aux lecteurs une partie des éléments dont ils ont besoin pour se faire un jugement raisonné.

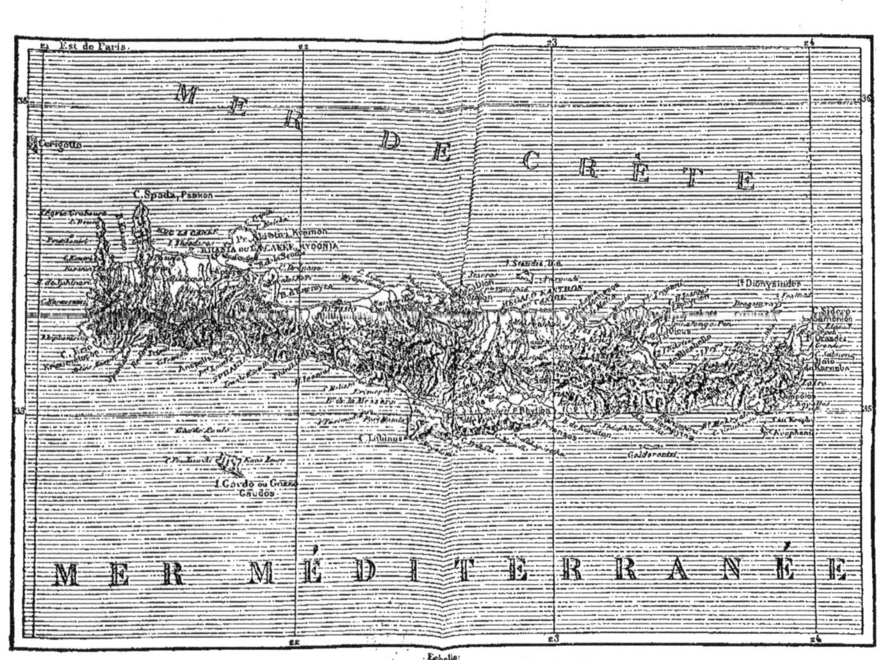

CARTE DE L'ÎLE DE CRÈTE.

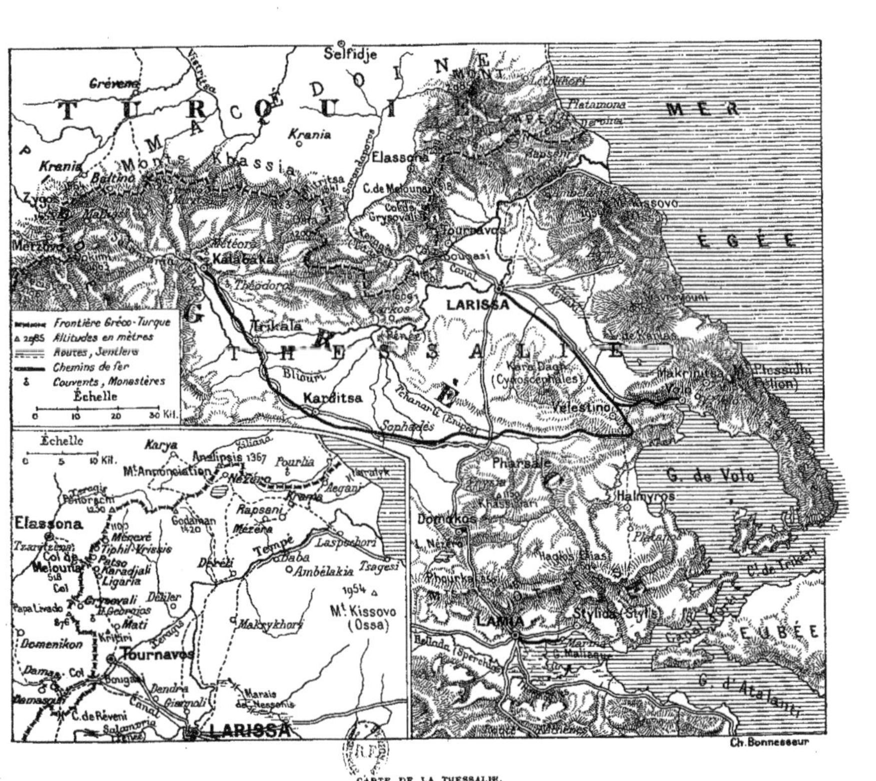

CARTE DE LA THESSALIE.

TABLE DES MATIÈRES

Levallois-Perret. — Imp. CLÉTÉ DE L'ARBRE.

www.ingramcontent.com/pod-product-compliance
Ingram Content Group UK Ltd.
Pitfield, Milton Keynes, MK11 3LW, UK
UKHW022054260726
13993UKWH00001B/119